❖

Editorial Círculo Rojo
www.editorialcirculorojo.com

∼

BUSCADORA DE ABRAZOS

BUSCADORA DE ABRAZOS

CONCEPCIÓN
HERNÁNDEZ SÁNCHEZ

Editorial Círculo Rojo
www.editorialcirculorojo.com

Primera edición: marzo 2016

© Derechos de edición reservados.
Editorial Círculo Rojo.
www.editorialcirculorojo.com
info@editorialcirculorojo.com
Colección Novela

© Concepción Hernández Sánchez

Edición: Editorial Círculo Rojo
Maquetación: Germán Fernández Martín
Rev: Juan Muñoz
Fotografía de cubierta: © Fotolia.es
Diseño de portada: © Silvia Martínez Gil

Producido por: Editorial Círculo Rojo.

ISBN: 978-84-9126-543-6

DEPÓSITO LEGAL: AL 335-2016

IMPRESO EN ESPAÑA – UNIÓN EUROPEA

A mi esposo Juan y mis hijos Paula y Juanjo,
gracias, mil gracias por vuestro abrazo.
Os amo.

BERENGUELA

I

La Unificación se aproximaba y los rumores sobre cómo y cuándo ocurriría se propagaban por Vêkigo a gran velocidad. Otilia, se negaba a admitir que ese fenómeno pudiera producirse, siempre había albergado la esperanza de prosperar a otro mundo o promocionar a otra forma antes de tener que presenciar cómo se fusionaba su maravilloso mundo con el de los humanos. No creía que estuvieran preparados para ese momento, ellos quizá, pero los seres de carne, ¡de ninguna manera!... *por el amor de Dios, ¡si sólo creen lo que ven!*

Tenía conocimiento de humanos que eran capaces de *ver* pensamientos y sabía que a continuación, inexorablemente, desarrollarían una asombrosa capacidad para escucharlos y entenderlos. Cuando ese momento llegara ¿qué sería de ella?, ¿cómo podría serles útil? Le asustaba pensar no servir. Otilia era un ser de luz, un maravilloso *gentil*, que no podía creer las indicaciones que le habían proporcionado para su siguiente misión... *tendrás una aspirante contigo, debes instruirla directamente en el campo de batalla, enséñale todo lo necesario.*

¡Una aspirante! Esa sí que era buena. Jamás se les permitía acercarse al mundo de la materia sin haber superado las duras pruebas de Vêkigo. Es más, si algún ser de luz erraba en su cometido por negligencia o dejadez, volvía a encarnarse de inmediato y repetía vida, quisiera o no. Y ninguno quería regresar a ese mundo. Preocuparse por un cuerpo era tedioso, ocultar y disimular emociones fatigoso, cumplir con pautas preestablecidas por otros, absurdo, no saber qué hacían allí y buscar compulsivamente lugares donde estar y personas con las que relacionarse para más tarde decepcionarse con unos y otras, agotador.

Otilia podía hablar con los pensamientos y era maravilloso, porque con la debida paciencia y constancia, sus conversaciones conseguían transformar sentimientos de odio y malestar hacia uno mismo por sinceras manifestaciones de aceptación e incondicional amor propio.

Era un explorador de mentes, un transformador de pensamientos, en definitiva, *un gentil*. Su labor era muy respetada y ella, misión tras misión había alcanzado una magnífica reputación. Si acceder a las mentes le resultaba relativamente sencillo, era al lidiar con el Custodio de los recuerdos cuando desplegaba toda su magia.

– ¿Hace mucho que te preparas en Vêkigo? ¿Qué se te da mejor y qué se te da peor? – preguntó a la luz rosada que parpadeaba frente a ella. Otilia estaba nerviosa, si es que podía encontrarse así. Nunca se había enfrentado a la responsabilidad de instruir a un aspirante, tendría que improvisar y dejarse llevar. Al fin y al cabo, confiar y estar atenta nunca le fallaba.

– ¡Hola! – dijo la aspirante tímidamente. – No llevo mucho por aquí, me costó asimilar mi nueva forma y adaptarme al rosa.

– ¿Qué? – preguntó asombrada por la superficialidad de su respuesta. ¿Le estaba hablando del color de su estela? – ¿Cómo te llamas?

– No sé. Todavía no me han adjudicado nombre. ¿Sabes por qué?

– ¿Acabas de llegar? – preguntó por respuesta.

– No sé – susurró.

– Aquí nadie te adjudica un nombre, lo eliges tú. Uno que te haga sentir genial, que te despierte una sonrisa, que refleje tu esencia, tu función, uno que te guste. Yo elegí Otilia, no hubo ninguna razón concreta, sencillamente se me plantó delante y lo acepté.

– Pues yo no sé… no…

– ¡Silencio!

Otilia no daba crédito. Aquella aspirante era el ser más soso, apático y parco en palabras que se había encontrado en muchos millones de años. Le recordó un poco a Gadea, la pobre, ¡qué mal lo hacía!, se le enredaban sus pensamientos con los del humano y siempre terminaba empeorando las cosas. No duró demasiado por allí, un buen día desapareció, suponía que había regresado al mundo humano y a juzgar por el tiempo transcurrido, más de una vida le había tocado repetir a la desdichada. En fin, vería que podía hacer por su aspirante, pero desde luego, mucho tendría que cambiar su actitud para no evaporarse de repente y seguir la misma suerte que la olvidada Gadea.

– Tenemos que acudir a una mente, se trata de una mujer, se llama Berenguela. ¿Sabes cómo responder a una llamada?

– Creo que sí… – dijo vagamente.

– ¿Cómo lo harías? – preguntó con la esperanza de haber errado su juicio.

– La pienso y voy con ella, ¿no?

– Más o menos – dijo Otilia – La piensas con la sincera intención de ayudar y entonces y sólo entonces puedes ir a su lado. ¿Me acompañas?

– No sé…

II

Berenguela se preparaba para acudir a la cita de los viernes, echaría de menos aquella reunión semanal con sus amigas, pero la vida le ofrecía un cambio y éste prometía seguridad y por qué no decirlo, confort, mucho confort.

Nunca se sabía quién estaría en el *Yo Soy*. Apenas tenía cuatro amigas, pero eran fieles y leales. Se sentía afortunada. Las conocía desde el Instituto, y con alguna incluso había compartido juegos en el patio del colegio y cumpleaños infantiles. Con ella, con Jimena, era precisamente con la única que no quería encontrarse aquella tarde.

El culpable, el reencuentro. Una fiesta que se había celebrado una semana atrás y a la que no deseaba asistir. ¿Para qué? Hacía 18 años que el Instituto había terminado, con aquellos que le interesaba seguir en contacto, los menos, ya se había preocupado ella de mantener viva la llama de la *amistad*, pero la idea de volver a encontrarse con excompañeros de instituto olvidados, no le seducía en absoluto.

Jimena llevaba días insistiendo en que la acompañara, mucho no, muchísimo. Su vida matrimonial, aburrida y monótona se complicaba entre tratamientos de fertilidad que fracasaban una y otra vez. Aquellos días arrastraba la frustración de la cuarta FIV fallida y necesitaba salir de sus pensamientos.

– Por favor, necesito despejarme y no pensar – le dijo suplicante.

– Si yo te entiendo, pero no me apetece nada – le había respondido Berenguela a fin de eludir el compromiso – ya sabes que voy liada y me falta tiempo para todo. ¿Por qué no se lo dices a Tomasa… o a Palmira? No sé… – le propuso.

– Tomasa de viaje con el novio de turno, Palmira con pruebas médicas y un secretismo que ya veremos por dónde nos sale y Lucrecia salida de cuentas. Me quedas tú – le dijo con una amplia sonrisa – por fa, por fa, por fa.

– Luego te confirmo – le había dicho dando por terminada la conversación.

Y efectivamente, más tarde le confirmó… *venga, te acompaño. Una copita y a casa.*

Se adornó con un elegante vestido negro, botines de idéntico color y remates en fresa a juego con su carmín. Decidió tomarse un respiro y dejarse acicalar por manos profesionales para más tarde, en la fiesta y mecida por el sopor de unas copas de vino, sucumbir ante unos brazos muy masculinos que entre achuchones y arrumacos, disfrutaron de aquel reencuentro como no habían podido imaginar.

La fiesta se celebró en el Instituto y el laboratorio resultó un lugar íntimo en el que improvisar halagos llenos de intención y donde dar rienda suelta al recuerdo. Ya se conocían. Habían compartido besos y abrazos en múltiples ocasiones y el paso del tiempo no había mermado la atracción que ejercía sobre ella. Ese hombre le encantaba y estar de nuevo en sus brazos la entusiasmó.

Jimena no los vio salir del laboratorio, nadie lo hizo, pero sí pudo comprobar la complicidad que compartían cuando entre empujones juguetones y risitas que solo ellos entendían se reunieron con el resto del grupo en el gimnasio. Y ella, que conocía muy bien a su amiga, la miró reprobando su comportamiento porque no daba crédito a lo que sabía, acababa de ocurrir. Sin pensarlo se dirigió hacia los tortolitos y con el descaro de un polizonte se incorporó a la conversación.

— ¡Hola qué tal!, ¡cuánto tiempo sin verte! — obsequió a aquel hombretón con dos besos de cortesía y una sonrisa forzada — ¿ya te ha puesto Berenguela al día?

— ¿Perdona? — dijo la interesada.

— Ya me ha contado, ya… — dijo él divertido.

— ¡Ah!, ¿y qué te parece? — preguntó abriendo mucho los ojos.

— ¡Me parece increíble! — exclamó.

— Sí, a mí también me parece increíble — dijo Jimena sin apartar los ojos de su amiga.

— ¿Otra copa? — preguntó Berenguela mostrando incomodidad. — Yo voy a tomar algo, ¿quién se apunta?

— 15 trabajos diferentes creo que me ha dicho, ¿no? — preguntó el muchacho dirigiéndose a Berenguela.

— Sí, eso es, 15 — afirmó tomándolo de la mano — venga hombre, vamos a por una copa.

— Jajaja — rió Jimena — no huyas, mujer. Le preguntaba al… chico… — no conseguía recordar su nombre — que si le has puesto al día con lo tuyo — y remarcó las últimas palabras tanto como pudo.

— No, Jimena, no — dijo molesta — no le he dicho nada de *lo mío*, ni creo que le importe.

— ¿Qué es lo *tuyo*? — preguntó intrigado.

— Nada — respondió tajante. — ¡Vamos! — y dándole la espalda se dirigió con premura hacia una improvisada barra. De nada le sirvió la huida, tuvo que escuchar, como todos los allí presentes, las palabras que su amiga exclamó a gritos.

— ¡Que se casa! ¡Berenguela se nos casa! ¡Por fin! ¡Dos semanas le quedan! ¡Un brindis por la novia!

Efectivamente, Berenguela accedería a un *sí quiero* teñido por la precipitación y los cambios. Su futuro esposo, Rafael, no era hombre de dudas y esperas, y para ella esta proposición suponía una maravillosa oportunidad con la que encarrilar su vida. Ambos se complementaban a la perfección y su ilusión por el comienzo había conseguido disipar cualquier nubarrón.

Vivirían en La Caleta, pueblo costero de vecinos amables y entrañables con paisajes sacados de otros mundos. Abandonarían su ciudad, Los Frutos, y Berenguela renunciaría a su enésimo y paupérrimo trabajo así como a la compañía inmejorable de sus amigas.

Pero no se marcharían con las manos vacías, sus sueños y la enorme fortuna de Rafael los acompañarían. Creían, firmemente, que en aquel paisaje azul, compartirían amaneceres y puestas de Sol mientras disfrutaban de una magnífica vida en común viendo crecer a sus hijos, cuatro quería Rafael.

III

Se podría definir a Berenguela como una mujer de mediana edad, melena morena que gustaba lucir a su aire, ojos rasgados y de un verde tan suave que al mezclarse con el amarillo recordaban a la miel. Deberíamos resaltar sus labios finos y de sonrisa continua que complementaban con gracia una tez blanca salpimentada con pecas, unas pequeñas y anárquicas manchitas que adornaban su nariz y le conferían aspecto de travesura inminente. Pero describirla así, en esos términos, basándonos en su aspecto exterior no sólo sería sencillo sino también una infamia, una falta de respeto imperdonable, porque Berenguela era por encima de cualquier otra cosa, una soñadora.

Tenía la sensación de haber vivido varias vidas en una, acumulaba más de 15 ocupaciones diferentes, y le gustaba bromear y aglutinar tanto empleo en uno solo diciendo que era repartidora... *sí, soy repartidora... reparto lo que en cada momento toca, unas veces he repartido copas en un pub, o sonrisas a los niños enfermos del hospital... sí, para eso me vestía de payaso... también he repartido compañía a ancianos solitarios, y mis cuidados cuando enfermaban... diversión y alegría enseñando a otros a bailar salsa... no, no tengo ni idea de bailar salsa, pero al gerente del gimnasio, que era muy amigo mío, le pareció una buena idea... más tarde, lo que pasa... ya no era tan amigo y la idea no le parecía tan buena. Pero yo siempre he ido a lo mío, a repartir... verdura, zapatos, ropa carísima en una tienda maravillosa... poco me duró, no daba el perfil. Y cuando aquello se terminó, repartí publicidad y a las pocas semanas… esperanza en aquella ONG. Si te soy sincera, de todo lo que he repartido hasta el momento, lo que más me gusta es lo que hago ahora… repartir chocolate, dulces y bombones.*

Esa fue su presentación, su improvisada puesta en escena para un señor, Rafael, que ante el desparpajo y descaro de aquella mujer de ojos verdes cayó a sus pies fulminado. Esa mañana, en la chocolatería de Santa Petra, compró dos cajas de bombones para sí mismo y supo que volvería pronto a por más. A los pocos meses, le regaló un fastuoso anillo y le prometió una vida nueva en el paraíso y Berenguela, que muchas veces no distinguía la fantasía de la realidad, al creerse protagonista de un cuento de hadas, se quitó su blanco delantal y abalanzándose sobre Rafael le susurró tiernamente… *¡siií!*

Ella no se sentía mejor ni peor que los demás, sólo diferente. En ocasiones reflexionaba sobre esta circunstancia y se sentía dichosa, pareciera que la vida le regalaba diferentes oportunidades y experiencias empeñada en hacerla crecer.

Pero no todo era maravilloso, tanto ir y venir en algunas ocasiones le cansaba, aunque en otras le encantara, porque sin importar la circunstancia en la que se encontrara, ésta le agradaba o no, en función de su estado de ánimo.

Cuando retrocedía en el recuerdo buscándose, no se reconocía. Había afrontado tantos cambios, se había derrumbado y reconstruido tantas veces, que apenas quedaban migajas de la Berenguela original.

Siendo niña vivía entre fantasías. Como todos los niños se podría argumentar, pero ella iba más allá. La vida real, la de a pie, la que compartía con familiares y amigos no le interesaba en absoluto, era gris, aburrida y llena de desencantos. De vez en cuando se dejaba caer por la monotonía pero no aguantaba mucho tiempo viviendo en gris. Ese tipo de vida no suponía ningún reto, siempre las mismas tareas, las mismas conversaciones, las mismas personas, idénticos comentarios… ella prefería soñar y bucear en su Universo donde todo era posible y reinaba sin dar explicaciones a nadie. Era una niña y soñar un lujo que podía permitirse. Durante su infancia, sus mejores amigos tenían cuatro patas y eran magníficos, dispuestos a la escucha le prestaban atención con sincero interés y no importaba lo que ella les contara, siempre la reforzaban con la sonrisa de sus ojos y revoltosos movimientos que expresaban alegría. A ellos les abría sin temor su corazón, les confesaba su extraña sensación de no pertenecer a este mundo, o mejor dicho a esta vida, su vida. Les revelaba cuánto deseaba que terminara pronto, que su absurda estancia transcurriera deprisa para poder disfrutar de la vida que le correspondía en realidad y que por error nadie estaba viviendo.

Los sueños de su infancia eran sueños de abundancia, creía en su inocencia, que todo aquello que poseía, familia, amigos, animalitos, parientes, vecinos, profesores, compañeros… permanecería a su lado y el paso del tiempo serviría para reforzar sus lazos. ¡Pobrecilla! No tardó en comprobar como todos aquellos tesoros de su niñez se evaporaban, diluían o sencillamente, con una naturalidad escandalosa, se convertían en basura.

Tenía presente este fenómeno en cada decisión que tomaba y cada relación que comenzaba. Sabía que tarde o temprano, lo hermoso se descompondría en algo putrefacto. Procuraba no encariñarse demasiado por aquello de evitar el dolor del adiós, ganándose por derecho propio la etiqueta de ser una mujer distante. Sólo era miedo. Si finalmente se rendía a una relación, el extremo opuesto la atrapaba y se convertía en un ser posesivo y asfixiante. Se aferraba con la fuerza del agobio. De nuevo, sólo era miedo. Y cuando irremediablemente llegaba el fin, le costaba la despedida. Seguía ahí, esperando, insistiendo, mendigando atención y dejándose la dignidad en un doloroso adiós que dilataba sin razón alguna para que finalmente, y poco a poco, las personas se le diluyeran en el pensamiento.

La dificultad que tenía para demostrar sus emociones, no ayudaba. Una profunda confusión entre lo que sentía y lo que expresaba le hacía parecer complicada y desconcertante. Cuando Berenguela entristecía, mostraba enfado a veces incluso ira. Ante la alegría, indiferencia. Y si se sabía enamorada, comenzaba con las muestras de desdén. Los que la conocían bien, no reparaban en estas incongruencias porque también era auténtica, sincera y honesta, cualidades escasas y muy preciadas que eclipsaban a las demás.

Sería por caminar entre nubes la mayor parte del tiempo o porque la vida había decidido mimarla, que Berenguela conoció el odio muy tarde. A los 26. Ostentaba el macabro orgullo de conocer, exactamente, cuándo y por qué germinó en su interior esa semilla. Al principio, el brote la arrasó incendiándola y dejándole una cicatriz que si bien no era grande, terminó por ser profunda. Aquella fatídica tarde de un 15 de agosto, el odio entró en escena, decidió conocerla y ella, inmune en otras ocasiones porque ni siquiera reparaba en él, ante la muerte de su madre no tuvo nada que hacer. El odio llegó y se instaló. Habían pasado diez años y desde entonces, en otros momentos de su vida, con otras personas y circunstancias, muchas veces incluso en soledad, lo había vuelto a sentir.

El más dañino era el que sentía a solas y dirigía hacia sí misma. Creía tener motivos para odiarse. Tras perder a su madre comenzó una búsqueda frenética e infructuosa de abrazos en los que sentir la Paz y seguridad que ella le proporcionaba. Al menos, eso era lo que creía y le permitía justificar su pulsión. No podía evitarlo, algo o alguien la empujaba a perderse en cualquier abrazo.

Al principio solo eran eso, abrazos, pero en poco tiempo se convirtieron en encuentros completos en los que la suerte era desigual. Todos buscaban algo, ellos placer, ella Paz. Entregaba su cuerpo a cualquier caballero que la obsequiara con su abrazo y conforme el tiempo avanzaba y sus amantes se acumulaban, en el descarte sólo encontraba decepción y asco.

En su particular búsqueda hacia la seguridad y la protección, cuánto más buscaba, Berenguela más se perdía. Y su vida transcurría con la sensación constante de no estar en el lugar adecuado, ni sintiendo, diciendo o haciendo lo que debía. Creyó que Rafael supondría un antídoto, su salvación. Que su abrazo se impondría y no necesitaría ningún otro. Pero se equivocaba. No fue capaz de contenerse durante mucho tiempo y en ocasiones le resultaba muy difícil conjugar y compartir abrazos de unos y otros con los de su esposo. Estaba condenada a ocultar una parte de sí misma. Había soñado desde la infancia con ese amor en el que poder entregarse sin reservas, y ahora sabía que de existir, no se trataba del amor de Rafael, y con esa infame certeza arrastraba sus días sumida en una extraña soledad.

Pero no estaba sola, la acompañaban fantásticos seres con nombre de mujer, entidades pertenecientes a otros mundos, invisibles y etéreos Universos que envolvían cada paso de Berenguela y con eterna paciencia la conducían poco a poco de regreso hacia sí misma.

Otilia, la que siempre lucía de rosa, era una de ellas.

IV

La Caleta era un pueblecito muy original que con apenas 200 lugareños podía doblar o incluso triplicar este número en función de fechas y fiestas. Se accedía a él a través de bosques de acacias y eucaliptos que mezclados sin orden ni lógica delimitaban los límites de una carretera estrecha y mal asfaltada. Los que iban por primera vez tenían la extraña sensación de haber confundido las indicaciones y estar dirigiéndose hacia un perdido lugar en el fin del Mundo. Era habitual ver coches parados en la escueta cuneta comprobando mapas y discutiendo acaloradamente con el acompañante. Más de uno dio la vuelta y tuvo que recorrer lo desandado de nuevo. Era un lugar aislado que guardaba la paradoja de ser habitado por personas abiertas y amistosas. Sus empinadas calles jugaban combinando adoquines con asfalto, destinándose gran parte de las mismas a paseos y juegos infantiles. Playas con nombres originales y normas sacadas de otros tiempos eran consensuadas en reuniones de ciudadanos en las que todos los adultos opinaban, votaban y exponían con libertad sus ideas. Era un lugar de marcado espíritu solidario y eso se respiraba en el ambiente, podía sentirse un no sé qué, que en realidad no era más que respeto, tolerancia y sincera preocupación por el otro.

Berenguela no pertenecía a aquel lugar, su esposo Rafael tampoco, pero los dos fueron acogidos con calor desde el primer momento, era una pareja gentil y alegre que se adaptó a la atmósfera de aquel pueblecito costero sin dificultad, poder disfrutar de noches de bailes y luz suponía un complemento maravilloso para dos enamorados. Todo rezumaba serenidad y sus gentes eran por encima de cualquier otra cosa, hospitalarias.

Debido a la temperatura constante del lugar resultaba difícil diferenciar el tiempo dedicado al ocio del empleado para el trabajo y como la afluencia de turistas tampoco ayudaba, predominaba a todas horas una sugerente sensación de diversión, tranquilidad y tener tiempo para todo. Las costumbres locales contemplaban, por orden de popularidad, la verbena que los viernes por la noche se celebraba en La Plaza del Torreón, el mercadillo solidario que el barrio antiguo acogía cada sábado, y la Fiesta de la Luz con la que se despedían las estaciones del año.

Rafael, contagiado por la ilusión del alcalde accedió a poner también un puesto en el mercadillo. A Berenguela le pareció una idea extravagante y llena de romanticismo, los sábados a las diez en punto exponían en un pequeño escaparate de toldo blanco y rojo frasquitos de vidrio que Rafael decoraba en noches de vigilia. El resultado era impresionante, y es que Rafael, tenía una capacidad especial para transformar lo inútil en belleza. Todo lo que pasaba por sus manos, al recibir su energía, se transformaba en algo maravilloso… *ilusión y pasión, eso es todo…* solía decir para justificar este don. Berenguela lo había comprobado en sus propias carnes. Cuando lo conoció se sentía como un despojo disfrazado de señora, una farsante despreciable, que él, tan sólo con su mirada sonriente consiguió que comenzara a quererse, un poco. Le daba paz. A su lado, la idea más absurda y descabellada se convertía en una aventura salpicada de ilusión y alegría. Vivir junto a Rafael era un premio, un milagro que la vida, a sus 36 años había querido concederle. Cuando creía tenerlo todo perdido, llegó él. Cuando se había abandonado a la inercia y aceptado la renuncia, llegó él. Cuando sus esfuerzos por conseguir el abrazo perfecto resultaban decepcionantes e infructuosos, encontró el suyo.

Los enamorados pasaban la mayor parte del tiempo cobijados en su refugio azul, y nunca se perdían la cita de los sábados. Desgraciadamente no fueron muchos los que pudieron compartir, la tregua que la vida había concedido a Berenguela apenas duró seis meses. Cuando comenzaba el primer verano que compartirían, el mar se apoderó de Rafael y de su abrazo para siempre.

V

En La Caleta tenían por costumbre que sus vecinos se reunieran anualmente para elegir la causa por la que trabajarían, codo con codo, durante ese año. En aquella ocasión, todo lo recaudado en el mercadillo se destinaría a la dotación y rehabilitación de un hospital materno infantil de un lugar lejano y al parecer muy necesitado. El alcalde no había sabido dar demasiado detalle del asunto, pero no era necesario, todos se volcaron de inmediato con el proyecto. La elección fue casi unánime, quedando postergadas para años venideros otras propuestas como la puesta en marcha de un centro canino o la ampliación de las instalaciones locales de "los amigos del Torreón". El presidente de dicha asociación, no tuvo ningún reparo en mostrar su disconformidad… *pues no estoy de acuerdo en absoluto, me parece que primero tenemos que solucionar los problemas de casa y después los de fuera. El Torreón es un reclamo para los turistas muy importante y nuestra asociación necesita un lugar digno para reunirse y tomar decisiones…* y tras semejante alegación, se quedó tan satisfecho.

El murmullo de la sala no pudo ocultar una exclamación, que burlona y sin tapujos acaparó la atención de los allí presentes.

– ¡Pero mira que eres majadero!

Todos reconocieron aquel tono grave y disfrutaron con su descaro. Como si de un baile ensayado se tratara, volvieron sus miradas hacia la voz y sin perder la coordinación, sonrieron. La respetada mujerona que siempre vestía de blanco, había regresado.

Le gustaba hacerse llamar Mansuara, ese era su original nombre de artista, porque ella no se definía como bruja, adivina o pitonisa y siempre renegaba con énfasis cuando la llamaban vidente, ella era sencillamente *artista*. Escondía bajo una gigantesca túnica blanca sus igualmente gigantescas dimensiones y siempre recogía su negro pelo en un turbante que dibujaba en su cabeza formas singulares. Enormes ojos redondos, oscuros y profundos que debido a sus escasas pestañas y a querer sobresalir le conferían aspecto de asombro continuo. Boca enorme y labios carnosos que gustaba acicalar de rojo brillante. Y en tardes o mañanas en las que se sentía juguetona, completaba su estampa con un cigarro puro que jamás encendía.

Durante las temporadas que pasaba en el pueblo, acudía cada sábado al mercadillo, se apostaba tras una mesa de mantel a juego con su turbante y tras despojarse de las sandalias, se preparaba para pasar la jornada.

Con un platito dorado en el que dejaba de vez en cuando reposar su cigarro, un cartel que rezaba *"Mansuara te orienta, 1 moneda por tu futuro"*, una bola de cristal que más que ayudar en el arte de la adivinación se limitaba a adornar la mesa, una baraja de cartas que variaba en función de la semana y del humor de la pitonisa y una radio que siempre emitía música alegrando el paseo de los turistas, ya estaba lista para dejar boquiabiertos a los transeúntes.

Como cada sábado el mercadillo lucía bullicioso y colorido, los toldos multicolor junto a los vistosos vestidos de los dependientes, contrastaban con el blanco de las casas. Fachadas impolutas decoradas con rejas verdes que en algunos balcones enmarcaban flores y una bandera local a media asta en el balcón del Ayuntamiento que junto a los crespones negros que exhibían la mayoría de los puestos, recordaban a todo el que quisiera recordar, que allí mismo, en el paraíso, días atrás la tragedia los había visitado.

Berenguela no era artista, ni tenía ilusión ni creía en la magia, pero necesitaba mantener la memoria de Rafael viva, y por eso desde el primer sábado que éste faltó, decidió continuar con la labor que comenzara y sin más empuje que el recuerdo, decoró frasquitos de cristal y acudió puntual a su puesto. A partir de ese momento, ensayó la letra R de mil maneras, tamaños, formas y colores, y así, con un poquito de su Rafael, completaba frascos de vidrio. Él creaba al aire libre, en la terraza de su casa y disfrutando de su té con miel. Aquella era una imagen típica y característica del difunto que acudía con cierta frecuencia y sin ton ni son a la mente de Berenguela. Camisa blanca, pantalón corto de idéntico color, pies descalzos y una cara de soñador que la embelesaba cada vez que lo contemplaba desde la distancia. Esbelto, de pelo oscuro revuelto por el viento y que combinaba a la perfección con su tez bronceada. Coronaba su belleza con ojos de mar. Pintaba sin remilgos mientras canturreaba y sonreía dando gracias al viento por la maravillosa vida que estaba disfrutando en aquel paraíso azul. Ahora a Berenguela le obsesionaba agotar algún color, para ella, todo lo relacionado con esa labor era una extensión de su esposo, no podían faltar pinceles, colores o frascos… nunca. No se sentaba, él tampoco lo hacía. Jamás decoraba en negro. A él, no le gustaba. Sólo pintaba durante el día y por respeto a su marido, se resistía al llanto.

Aquel sábado, el primero que siguió a su marcha, Mansuara se apostó frente al puesto de Berenguela. La viuda no la conocía aunque había escuchado habladurías sobre una señora, una vidente que era muy popular y no solo por lo difícil que le resultaba pasar desapercibida. Le contaron que iba y venía de La Caleta sin despedirse ni anunciarse, que vivía en una casita de piedra sobre la arena y le gustaba salir a navegar en una barca pesquera para pasar muchas horas a solas con el mar. También le dijeron que era una buena mujer, de generosa ayuda y certeros vaticinios, muy respetada e incluso temida por ser conocedora de lo que va a acontecer. Al parecer, en el pueblo nadie la consideraba una farsante y a consecuencia de la confianza que los locales depositaban en ella, los forasteros acudían al mercadillo buscando su consejo.

A Berenguela le resultó complicado mantenerle la mirada, sería por su recién estrenada viudez o su dolor infinito, pero cuando la vio por primera vez, prefirió mirar al suelo. Sus pensamientos de muerte la mantenían desconectada del exterior, llevaba cuatro días viviendo hacia dentro, intentando evadirse de la tragedia, no estaba para encuentros ni presentaciones. Acudió al mercadillo semanal porque era acudir a una cita con las ilusiones de Rafael y sin fuerzas, preparó su puesto, en aquella ocasión apenas tres frasquitos decorados en rojo con la letra R y tres más sin decorar. Junto a ellos, una foto del difunto.

Mansuara la contemplaba con ternura. Ocasionalmente desviaba la mirada hacia su derecha y asentía sonriendo como si conversara con el viento.

– Hola – saludó con voz potente desde el otro lado de la calle. Levantó su brazo derecho moviendo la mano al tiempo que se aproximaba a Berenguela, regalando sonrisas a derecha e izquierda.

– Hola – respondió ésta sin sonreír. No tenía ganas de hablar… *¿qué querrá?, ¿qué hace?, pero… ¿dónde va?* Tres interrogantes que se le agolparon en milésimas. Decididamente no estaba para compañía.

– Yo soy Mansuara, habitante del mundo que no se ve y de éste también. Soy un Ser privilegiado que ahora, en este instante desea compartir contigo las maravillas de lo invisible. No te preocupes, no tienes nada que hacer, ni siquiera precisas creer, la fe es recomendable pero no necesaria, porque mi mundo, lo creas tú o no, existe – y tras esta teatral presentación, prosiguió – necesito semillas de cacao para una nueva videncia, ¿sabes dónde puedo conseguirlas? – soltó de repente sin más. Y sin pausa alguna siguió con su particular puesta en escena. – ¿Algún familiar? – preguntó fijando la mirada en el retrato de Rafael – no me lo digas, ¡calla! – elevó el brazo izquierdo indicando a Berenguela que guardara silencio, echó la cabeza hacia atrás y con la mirada puesta en el cielo, cerró sus ojos apretándolos tanto como pudo para murmurar afectada – sí, eso es… familia, familia… esposo, ¡sí, esposo!... qué más, qué más… ¡ah!, ¡difunto!... ¡pobrecita, mi niña! – y tras recuperar la compostura y mirarla con una tierna sonrisa, le propinó un abrazo adornado con dos besos que terminaron por desconcertarla.

– Es Rafael… digo, era Rafael. Mi marido – respondió Berenguela con la mirada perdida y toda la desgana del mundo – hace cuatro días se lo tragó el mar. Y no, no puedo ayudarte con lo del cacao. Lo siento.

La conversación no se prolongó mucho más, Mansuara tenía clientes esperando y Berenguela no tenía palabras que compartir. La mañana discurrió con el bullicio típico del mercadillo, eterna y macabra para una Berenguela que estuvo preguntándose a cada momento ¿qué hacía allí?

A punto de cantarse las dos desde el Torreón, Mansuara comenzó a plegar su taburete y a recoger los artilugios de la mesa. Estaba satisfecha y sonreía. La mañana había sido muy productiva. Se marchaba contenta, no sin antes pronunciar a voz en grito un… *bienvenida a mi mundo, que no es más que un mundo de libertad*… a modo de despedida. Lo soltó así, sin más. Lo arrojó al viento y sin preocuparse demasiado por las reacciones que su mensaje podría suscitar. Si carecía de algo aquella pintoresca mujer, era sin duda, de vergüenza.

Berenguela no contestó, la miró tímidamente y sonrió con tristeza al pensar en lo bien que se lo habría pasado Rafael con aquella señora tan peculiar. Y al recuerdo le acudieron unas insistentes lágrimas que desde hacía días no la dejaban en paz.

Era una pena que no fuera capaz de ver las espirales luminosas que revoloteaban sobre ella, se cruzaban, subían y bajaban luciendo el verde y el naranja al tiempo que desprendían destellos dorados que de repente aparecían y desaparecían dejando tras de sí una estela de polvo amarillo. Aquellas luces parecían bailar al son de la melodía que Mansuara tarareaba en su despedida… *bienvenida a mi mundo… bienvenida a mi mundo… bienvenida a mi mundo…*

Bienvenida a mi mundo. Hermosa y transcendente afirmación que expresa la entrega más absoluta porque abre las puertas de uno mismo, de todo aquello que piensa y siente. De todo lo que Es.

Aquella noche, mientras Berenguela se revolvía en su desgracia, una nebulosa azulada atravesó como humo una pared de piedra para ir a invadir, sin permiso, la casa de Mansuara. Se trataba de Fabiola, que suspendida en medio de la estancia, pudo escuchar el amistoso saludo con el que la vidente la recibió.

– Te esperaba, te vi en el mercadillo, en el puesto de Berenguela, gracias por venir. Disculpa que no te ofrezca nada para beber ni insista en que te pongas cómoda – bromeó mientras sorbía de una taza algo caliente y se acomodaba en su sillón – no importa si hace frío o calor, para ir a la cama, algo caliente, ¿no crees? – y dio otro trago lento y pausado – es lo que tiene ser de *carne y hueso* como dicen, hay que satisfacer necesidades, pero sin pasarse ¿sabes?, porque en un descuido los placeres te esclavizan y se apoderan de todo, se convierten en una prioridad y tú y yo sabemos que esa no es su función… bueno yo sé, tú ¿¡qué vas a saber de placeres!? – y rió de buena gana su ironía mientras se apartaba de la cara un mechón de pelo.

Fabiola no estaba para bromas, Berenguela estaba destrozada y en ese estado era muy complicado comunicarse con ella, la ayuda de Mansuara podría ser determinante para devolverla al camino. De repente, moldeó su silueta gaseosa para mostrar una forma humana, le encantaba sentirse mujer, se convirtió en una fémina maravillosa de grácil figura y fino cuello. Para esta ocasión optó por recoger su pelo en un moño alto y lucir un hermoso vestido con escote palabra de honor y un exagerado can-can. Los vestidos pomposos de princesa de cuento eran su debilidad. Algunas veces remataba con tiara de lucecitas, otras con guantes de lentejuelas. Tenía que conformarse con el color, su color, un azul maravilloso que combinaba a la perfección con cualquier complemento. Era presumida, coqueta y rebelde y exhibía con orgullo estos atributos para desesperación de muchos. Toda ella era luz azul, una fabulosa silueta de la que se desprendían multitud de chispitas más brillantes y que lejos de otorgarle un aspecto maléfico la convertían en un ser angelical. Dispuso sus brazos en jarras y encarándose con Mansuara espetó: – ¡Déjate de cháchara!, no me gustan tus bromas ni me gusta que me recuerdes constantemente que no soy humana, te recuerdo que tú tampoco lo eres y aunque disfrutes de ciertas licencias que a mí se me niegan… – fingió sentarse junto a Mansuara mientras seguía suspendida entre millones de partículas azuladas – necesito tu ayuda, he de salvar a Berenguela y yo sola no puedo, apenas me oye. Estoy perdiéndola.

– Lo sé, jovencita – respondió en un tono severo que reflejaba la gravedad de la situación – lo sé. Y en Vêkigo también lo saben, por eso me han enviado y por eso están ellas aquí – dijo apuntando con su taza hacia un rincón.

Fabiola se giró sin pensar y sonrió al ver la estilizada figura púrpura que la observaba desde la esquina, Otilia, la profesional, seria y magnífica *gentil*. Era muy respetada y su presencia presagiaba cambios porque cuando acudía al auxilio de un mortal, las cosas mejoraban. Otra estela rosada, más corta y oscura, oscilaba vacilante junto a ella.

– ¡Hola! – saludó Fabiola sonriendo. Habían coincidido en más ocasiones y le encantaba trabajar a su lado. Su seriedad y firmeza, suponían para ella era un complemento maravilloso. Ahora, más que nunca, estaba convencida de que Berenguela alcanzaría la felicidad. – ¿Quién es? – preguntó refiriéndose a la aspirante.

– Hola – respondió Otilia en tono serio y voz monótona – es una aspirante a *gentil* que me va a acompañar en esta misión. Todavía no sabe quién es, no ha encontrado su nombre. – Y aproximándose a Fabiola fue directa al grano. – Al parecer Berenguela es un caso complicado. Me han informado de las circunstancias que la rodean y hemos de ponernos manos a la obra de inmediato.

– Contigo seguro que no fallamos – dijo Fabiola sin dejar de mirar a la aspirante.

– Si no sigues con tu desafortunada manía de ir de brazo en brazo – reprochó Mansuara poniendo cara de desaprobación.

– No creo que tenga la culpa del estado de ánimo de Berenguela – se excusó Fabiola – nunca conoció a su padre, le arrebataron a su madre de repente y en el peor momento de su vida, ya sabéis que tras aquella discusión no volvieron a hablarse, no pudieron reconciliarse, y ahora que parecía encontrarse bien, la han dejado viuda antes de que se acostumbrara a estar casada. ¡Y tengo yo la culpa porque de vez en cuando se deja caer en brazos equivocados! ¡claro!, ¡lo que tú digas Mansuara!

– No depende de nosotras organizar las experiencias de los humanos, ya lo sabes. Eso es algo que va más allá de nuestro cometido. Y muchísimo menos podemos cuestionarlas. No sé cómo te atreves, Fabiola. Sabes que en el mundo de materia nada es lo que parece y que tras cada oportunidad, o problema como ellos dicen, se oculta una bendición. Si de mí dependiera, hace mucho tiempo que te habría separado de Berenguela y devuelto a la carne. A ver si así aprendes a no interferir – Mansuara estaba indignada.

– Bueno – interrumpió Otilia – creo que Mansuara tiene razón, con independencia de lo que le toque vivir, tu función es llevarla por el camino que la conduzca hacia su destino, y hacerlo con el menor coste posible. Y sinceramente, no creo que te importe el daño emocional que le está ocasionando tu obsesión por los abrazos. Lo podrías hacer mejor, por no decir que lo estás haciendo fatal y espero que a partir de ahora, las cosas cambien.

– ¡Bien dicho, Otilia! – exclamó Mansuara – ¡pero que muy bien dicho! – reiteró adornando su exclamación con aplausos.

– Dejadme en paz de una vez – pidió Fabiola muy molesta – parece que tengo la culpa de todos los males de Berenguela y sabéis tan bien como yo, que no es así.

– Nadie ha dicho que seas responsable de los males de Berenguela – dijo Otilia cansada de esta discusión – por favor, no vuelvas a utilizar la palabra culpa – y acercándose a ella prosiguió – no existe la culpa ni los culpables, es un concepto dañino y malvado que destruye vidas enteras, el término adecuado es el de r e s p o n s a b l e – arrastró la palabra tal y como arrastró su estela rosada hasta conseguir fundirse con el azul de Fabiola – ¡parece que no has aprendido nada!

– Perdón – masculló Fabiola que de sobra conocía la prohibición que existía sobre la palabra culpa.

– Algunos por mucho menos han sido devueltos a la vida de cuerpos… – murmuró Mansuara.

– ¡Ya está bien! – exclamó Otilia – dejémonos de sutilezas y vayamos al grano. Tú – dijo dirigiéndose a una Fabiola molesta e irritada – procúrame experiencias y escenarios propicios para que pueda entrar en la mente de Berenguela y comunicarme con sus pensamientos.

La aspirante observaba desde un rincón en silencio y algo decepcionada. Había supuesto una escena más solemne, incluso música tenía en su imaginación, pero aquello parecía más una discusión entre niños que la organización de un plan divino de salvación.

– De acuerdo – asintió Fabiola deseando que aquella conversación terminara.

– Y sin rodeos, sin fiestas, ni abrazos improcedentes, ni señores, ni nada que tan sólo te beneficie a ti y a tu malsana obsesión – apostilló Mansuara.

– Lo intentaré – dijo Fabiola. – ¿Y tú?, ¿qué harás tú? – preguntó a la vidente – bueno, además de engatusar turistas y mentirles sobre su futuro, porque hasta donde yo sé, de las tres, la única que puede bucear en el misterioso devenir… soy yo – y giró sobre sí misma tres veces haciendo rodar su pomposo vestido.

– Deja de pavonearte – recriminó Mansuara al tiempo que Otilia se ladeaba a derecha e izquierda mostrando disconformidad – es cierto que sólo tú puedes conocer flashes del futuro, pero yo sé qué tengo que decir en cada momento y conozco los patrones y vivencias que repiten los humanos en sus vidas y deben eliminar para alcanzar la felicidad.

– Les dices lo que quieren oír… por eso te escuchan.

– Te equivocas, les digo lo que necesitan oír. Ni una palabra más ni una palabra menos. Forma parte de mi don.

Fabiola envidiaba su forma humana porque a pesar de su detestable aspecto, comía chocolate y podía dar y recibir abrazos. No importaba si eran más o menos afectuosos o intencionados, Mansuara podía dar y recibir largos abrazos. Ella, en cambio, tenía que conformarse con vagabundear por el futuro de Berenguela y disfrutar de esas sensaciones fugaces que apenas comenzaban ya habían terminado.

FABIOLA

I

Le encantaba ese momento del día y a pesar de lo ocurrido se sabía privilegiada por lo que la vida le había regalado. Salir a la terraza de su pequeño apartamento con una taza de café bien calentito era un placer, contemplar el mar a sus pies y respirar aquella brisa era sencillamente delicioso.

Habían transcurrido dos años desde la muerte de Rafael, y desde entonces Berenguela repetía siempre la misma rutina, madrugaba porque le encantaba disfrutar del amanecer, y mientras la cafetera le preparaba su manjar tomaba una ducha para despejarse. Dormir le costaba, tenía muchas dificultades para conciliar el sueño y todavía más en mantenerlo. Los terapeutas coincidían e insistían en la conveniencia de las rutinas antes de acostarse, y eran persistentes e incluso algo pesados con lo de las pastillas para *ayudarla*. Ella, obediente porque no tenía fuerzas para la rebeldía, intentaba seguir a rajatabla todas y cada una de esas recomendaciones, para transcurridos apenas unas semanas de encomiable esfuerzo, descubrir que lo único que la sumía en un profundo y duradero olvido era el llanto. No había nada como llorar, la explosión del llanto y la quemazón de las lágrimas nunca le fallaban. Ni leche caliente, ni un buen libro, ni siquiera una o dos copas de vino. A ella, lo que de verdad la desahogaba del insomnio, era llorar.

Durante su coqueteo con los fármacos los amaneceres fueron complicados, le resultaba prácticamente imposible abrir los ojos, cuando intentaba recibir al nuevo día un sopor insolente se lo impedía y el pensamiento se le volvía lento. Si aquellas asquerosas pastillas querían hacerla olvidar, fracasaban, sólo conseguían entorpecer su mente y hacerla sentir obtusa y estúpida. Por eso, estos despertares fueron escasos. Una mañana, de repente, sostuvo su mirada en el espejo para descubrir que aquellos ojos de los que él un día se enamorara ya sólo transmitían dolor. Y ese fue el punto y final a los fármacos y el comienzo de una nueva voluntad que surgió de su interior o de la nada, qué más da, pero que la impulsó a salir del abismo. Y regresó, pero no lo hizo sola, trajo consigo aquella obsesión que creía olvidada y que tras la pausa de los narcóticos había retornado con más fuerza.

Y ya fuera queriendo o sin querer, allí se encontraba, con dos años de despedida a sus espaldas, disfrutando de su momento especial, taza de café en mano y maravilla de la naturaleza en el horizonte.

Su apartamento se encontraba sobre una gigantesca roca negra que exultante y descarada desafiaba la rabia del mar. Disponía de amplios ventanales a través de los cuales podía acceder a un peculiar espacio de hierba fresca y simpáticas florecillas que anárquicas, rociaban el jardín con su fragancia. Y a la derecha, las escaleras que él, Rafael, su Rafael, había traído de un lejano lugar tan sólo para ella. Suponían un regalo maravilloso, por ellas se alcanzaba la playita de arena blanca que descansaba a la sombra del peñasco. Aquella pequeña cala semicircular de perfecta arena fina era un lugar en el que perderse, fabuloso, privado e íntimo, hermoso y sereno como pocos, que por su difícil acceso persuadía a domingueros y curiosos. Ocasionalmente algún barquito despistado se aproximaba para después de un baño ligero y un profuso flirteo con el Sol, desaparecer para siempre. Como él, que sin más, también se fue para siempre.

Ese lugar, un luminoso cubo azulado que desde lo alto parecía cuidar del mar, supuso una increíble sorpresa que Rafael había preparado con ilusión y entregó a Berenguela el mismísimo día de su boda. Prometía ser el refugio donde escaparse a compartir sueños e irrepetibles momentos, y de algún modo así había sido, pues allí vivió su peor pesadilla y momentos que afortunadamente jamás volverían. El paraíso se convirtió durante días en un lugar de angustiosa espera en el que descubrió que él no regresaría.

Si las vistas que ofrecía la casa eran magníficas, las de su dormitorio, en concreto, eran especiales. Allí se presentía la magia, podía mirar directamente al horizonte con toda la grandeza que ello implicaba, puestas de Sol, amaneceres y un infinito mar para su disfrute personal. Aquella estancia privilegiada suponía una invitación fantástica para el goce de cualquier manifestación en la que intervinieran el cielo y el mar.

Solía imaginar que él estaba allí, todavía lo podía sentir en algún lugar formando parte de aquella inmensidad y por ello se le resistía el olvido... *¿y si vuelve?*... se preguntaba continuamente. Pronto aprendió a callar sus anhelos porque las miradas de reprobación, preocupación, lástima e incluso hastío la hacían sentir como una estúpida enajenada, pero ella seguía teniendo esperanzas. Su fe era lo único que le quedaba ahora que él ya no estaba.

Berenguela sabía lo ilógico de su razonar, pero creer que algún día regresaría no era más absurdo que sumergirse en el mar y desaparecer en la nada como una sombra, como si nunca se hubiera sido, como humo, para siempre, como si él, Rafael, su esposo, hubiera sido un espejismo, una fantasía, una ilusión creada por su mente. Para ella, aceptar su pérdida o perseverar en la espera, eran ideas igualmente irracionales.

Desde el primer momento decidió renunciar a todo y recluirse en aquel lugar, cerca de él. No hizo caso a nadie, no escuchó a nadie.

Fue contundente y agotó en esta empresa las pocas fuerzas que le quedaban, ni siquiera pudo asistir al funeral que se ofició en su honor. Pensar en despedir un féretro vacío le parecía sórdido y grotesco, llorar ante la ausencia, patético... *Es necesario despedirse, mujer. Verás cómo después te encuentras mejor. Lo necesitas. Ve al funeral y despídelo como se merece...* y ella, que rara vez dejaba terminar frases de este estilo, fueron muchas las que tuvo que interrumpir.

No le importaba estar sola. No lo estaba, le quedaba la compañía de sus recuerdos, su aroma, sus fotos, los sueños que compartían y ahora esperaban pacientemente su regreso. En realidad *sólo* le faltaban su sonrisa, su mirada, su apoyo, sus besos, sus abrazos... ¡Dios!... ¡esos abrazos!

Durante el escaso tiempo que la vida les había permitido compartir experiencias en aquel lugar, tuvieron la sensación de ser los únicos habitantes del planeta, pero con la fantástica ventaja de encontrarse a muy poca distancia del resto del mundo. Dos sendas diferentes conectaban su apartamento con La Caleta, y ella acostumbraba a tomar una u otra en función de si deseaba ir hacia la playa o alejarse de la misma. Cuando se dirigía a la ciudad, circulaba por un caminito silvestre que regalaba unas vistas impresionantes, y en apenas 8 km llegaba a su destino. Las acacias y los eucaliptos la acompañaban todo el trayecto. Si por el contrario regresaba a casa, el terreno que recorría era más pintoresco y de acceso complicado. Al abandonar la carretera principal, un sendero dibujado en curvas la conducía hasta un cartel con nombre de mujer: Berenguela. Y desde ese cruce hasta su casa, apenas unos metros. Él se había empeñado en resaltar así la ubicación de su hogar porque como solía decirle: *"todos los caminos me han conducido hasta ti"*.

En los dos últimos años había hecho pocas veces esos trayectos, su amiga Jimena le procuraba lo que necesitaba. En aquellos momentos todo se limitaba a una espera eterna y segura, mientras ella creía estar esperando a Rafael, en realidad esperaba su propia muerte, porque en esta vida desde ese maldito amanecer, ya lo daba todo por terminado. Le gustaba la compañía de Jimena porque no la juzgaba, ni le preguntaba, era alegre y desenfadada, siempre andaba con algo entre manos y conseguía hacerla reír con facilidad sin proponérselo. La distraía y nunca le traía chismes de otros lugares, no era amiga de cotilleos, lo que le gustaba de verdad era encontrar la parte divertida a cualquier situación, incluso ahora, que ella tampoco lo estaba pasando bien porque hacía dos meses que su marido la había abandonado y se encontraba enfrascada en un arduo proceso de reconstrucción personal. No habían tenido hijos, y lo que en su día fuera motivo de frustración, ahora resultaba un alivio, pero pasaba de los 38 y el tiempo se le escapaba con rapidez. A Berenguela en cambio, la edad, la reconstrucción personal, el nuevo comienzo, la ilusión, el tiempo… no le importaban lo más mínimo. Seguía con su mente anclada en el pasado y con el corazón esperando la muerte.

Durante el tiempo transcurrido desde que Rafael desapareciera había aprendido a conjugar mentira y verdad con el fin de seguir viviendo con él sin que nadie lo supiera. No le resultó complicado, era una experta en el disimulo y la ocultación porque desde que le alcanzaba el recuerdo había una parte de su vida que guardaba fielmente para sí misma, que nadie conocía, y que nadie debía conocer jamás. Era víctima de una pulsión difícil de entender que en cualquier momento se le podía volver ingobernable. Amar a Rafael atenuó su presencia, y justo cuando se pensaba a salvo, él se marchó y su obsesión volvió triunfante aprovechándose de la poca voluntad que le quedaba. No, no le resultaba difícil engañar. En fecha señaladas el nerviosismo se apoderaba de ella y no era para menos porque ni un solo aniversario, cumpleaños o día relevante había olvidado. Preparaba la celebración con tanto amor y detalle que le ocupaba semanas enteras organizar el evento. Vestido de gala, música romántica, un vino excepcional, cena para dos en la terraza y todos sus recuerdos, todos. Le encantaba hablarle porque sabía que él la escuchaba. Cuando paseaba por la playa podía girarse de repente hacia el ventanal de su dormitorio esperando verlo, lo presentía allí, de pie, contemplándola.

Jimena iría a visitarla a media mañana, acababa de estrenarse el verano y el Sol brillaba tímido aunque resolutivo. Se puso en pie y abandonando las escaleras que conducían a la playa puso rumbo a su casa. Su amiga estaba a punto de llegar.

Y aunque creía morar con la única compañía de sus recuerdos, en el epicentro de toda su vida aguardaba la fiel Fabiola. Berenguela no estaba sola, nunca lo había estado, porque entre otros, *su igual*, la seguía visitando noche tras noche desde el mismísimo día de su nacimiento.

II

El día había transcurrido con rutinaria normalidad salvo por la visita de Jimena, que entre risas y palabras de ánimo había conseguido camuflar una invitación para salir a cenar.

– Si quieres vengo a recogerte, no hace falta que conduzcas, sé que no te gusta hacerlo de noche – le propuso mientras destapaba un refresco.

– No es eso, es que…

– Mira Berenguela, reservo en Mirador Gourmet, que de tapas se cena genial, unas cañitas, un buen chocolate de postre y si te apetece damos una vuelta por ahí – gesticulaba como acostumbraba a hacer y expresaba con sus ojos mucho más de lo que decían sus palabras.

Rubia, con la costumbre de peinar su pelo en una coleta alta y vestir ropa informal, Jimena era una atractiva y jovial mujer que exhibía a todas horas y en todas partes su espíritu positivo. Berenguela adoraba y admiraba su alegría perenne. Amiga fiel y leal, era el ser más protector que conocía, siempre había podido contar con ella, en los altos y en los bajos, incluso cuando conoció a Rafael y se olvidó del resto del mundo, ella nunca le recriminó la falta, y más tarde, ante la desgracia fue la primera en acudir a su lado y acompañarla en noches de insomnio y dolor. Escuchaba con atención y con el corazón.

Era única. Hermosa por dentro y por fuera, no entendía cómo su marido la había abandonado, sabía que tarde o temprano se iba a arrepentir y esperaba que ella le diera entonces con la puerta en las narices. Ojala encontrara un hombre que la amara como merecía.

– Pero es que…– y ante el intento de excusa de Berenguela, la interrupción de su amiga.

– Te quedas a dormir en mi casa, ¡plan perfecto!, y por la mañana desayunamos en el Centro y después te traigo de vuelta – Jimena se quedó mirándola fijamente con una sonrisa gigantesca que esperaba respuesta.

– No digo que no, pero tampoco que sí, ¿vale? – pronunció Berenguela – mañana hablamos, ya me lo pienso yo si eso… – miraba al suelo mientras frotaba sus manos contra las rodillas. – ¿Y tú, cómo estás? – preguntó dando por terminado el asunto de la cena y centrando la atención en su amiga.

– ¡Genial! – mintió – en una segunda juventud, ya sabes, es lo que dicen de las separadas, ¿no?

– Jajaja, algo he oído decir, tenéis fama de *alocadas*, sí – bromeó Berenguela.

– Jajaja, *alocada*, ¡qué palabra más simpática!, ¡me la quedo! – exclamó divertida – porque volverse loca es lo menos que te puede pasar cuando entregas tu juventud y parte de tu madurez a una relación para… nada, para encontrarte en el mismo punto que hace veinte años, pero más vieja, más cansada, más gorda, más desilusionada, decepcionada, frustrada… sola… – y terminó con una leve sonrisa en su rostro porque sin importar las circunstancias del momento, Jimena siempre sonreía.

– No te quería – afirmó Berenguela – no te merecía y no te valoraba – prosiguió – desde que te ha dejado te veo mucho mejor, no sé si será fachada, pero se te ve alegre y con ilusión, había matado tus sueños. Siempre quisiste estudiar y él te lo impidió… por no hablar de …

– Bueno, me lo impedía yo sola, él nunca me dijo que no lo hiciera – interrumpió Jimena – nunca me prohibió nada.

– Alguien que te quiere te da alas, te anima e impulsa para que consigas tus sueños, se alegra de tus triunfos, te acompaña en el camino dándote la mano y ofreciéndote su hombro – comentó tomando a su amiga de la mano – no se comporta como un estorbo. Y él no te lo puso fácil, tú y yo lo sabemos, cariño.

– Ya, ya… en fin, ya pasó – dijo casi en un susurro – ahora a pasar el veranito lo mejor que se pueda y después a por mi sueño: retomo en octubre la carrera de Antropología – reveló de repente.

– ¡¿Qué?!, ¡¿cómo?! – exclamó emocionada – dame un abrazo y un beso, mi niña. ¡Enhorabuena!, ¡eres increíble, la mejor!

– Ahora no puedes decirme que no, mañana por la noche lo celebramos – sentenció al tiempo que le regalaba un abrazo cariñoso y sincero que Berenguela recibió como un tesoro.

– Jajaja, eres incorregible, siempre me haces reír, ¿qué hubiera hecho sin ti? – preguntó con ternura.

– Lo que hacemos todos, siempre, sobrevivir… entonces, te vienes, ¿no? – insistió poniéndose de pie y colgándose en bandolera su bolso.

– Está bien – confirmó Berenguela mientras acompañaba a su amiga hasta la puerta para despedirla – mañana concretamos.

– No vale echarse atrás, mañana cenamos juntas y por favor ponte guapísima, ¿eh?, ya sabes, vestido, taconazo y carmín – le guiñó un ojo y le besó en la mejilla. En un minuto había alcanzado su coche y en dos se perdía por el cruce rumbo a La Caleta.

Ninguna se percató de la magia del momento, pero cuando se pronunciaban determinadas palabras, espirales de energía surgían de la nada, giraban sobre sí mismas y tras revolotear a su alrededor, desaparecían. Eran luminosas y de un color amarillo muy intenso, hermosas y de tal naturaleza que escapaban a los sentidos. Acudieron prestas a adornar ese instante y su presencia era presagio seguro de que algo maravilloso se avecinaba.

III

Berenguela se preparó para ir a la cama, tenía un ritual de descanso que repetía cual autómata noche tras noche. Con tres vueltas de llave y dos candados, clausuraba su apartamento, comprobaba que los ventanales del salón estuvieran perfectamente cerrados y empujaba ligeramente el cristal de cada uno de ellos mientras mentalmente le daba las buenas noches al Jardín, el mar, la arena y la luna. De Rafael se despedía más tarde, entre sábanas y contemplando su rostro enmarcado. Subía unos escalones para acceder al dormitorio, apagaba los cuatro velones blancos que presidían el cabezal de su cama y corría las cortinas malva ocultando la belleza del exterior. A continuación y con toda la soledad que era capaz de soportar, se recostaba junto a una fotografía del difunto y siempre, con infinita ternura, terminaba los días recordándole cuanto lo amaba y añoraba… *sigo aquí, cariño, contigo. No voy a marcharme, no voy a dejarte nunca, no te preocupes… hoy ha venido Jimena, ya sabes cómo es, la he visto muy bien, no lo está llevando mal. ¿Crees que nosotros hubiéramos terminado así, separados? Yo creo que no, que eso habría sido imposible. Bueno, me ha invitado a cenar mañana porque… ¡no te lo vas a creer, cariño!... ¡vuelve a la Universidad!, va a hacer lo que quería, es admirable... No tengo ganas de ir, pero me sabe mal… no sé. Mañana te cuento, ¿vale? Te quiero, mi vida. Buenas noches.*

Y terminaba cada uno de sus días tal y como los comenzaba, besando un frío cristal.

Mientras tanto y como cada noche, Fabiola esperaba paciente a que el sueño la venciera para poder comenzar con su *actuación*. La contemplaba en silencio y con pesar porque la amaba y le deseaba lo mejor, pero desde la muerte de Rafael la comunicación entre ellas se había resentido, el dolor y el sufrimiento acallaban su voz y Berenguela apenas podía escucharla. Cumplir con su misión y conducirla hacia su destino se estaba convirtiendo en una tarea imposible, porque si ella no quería caminar, nadie, de ninguno de los dos mundos, podría ayudarla.

Pero aquella noche era especial, traía noticias llenas de esperanza, el futuro le auguraba experiencias que más que gustarle, la enloquecían. Por eso, esa noche deseaba más que nunca, ser escuchada. Le hablaría en susurros de encuentros, abrazos y por supuesto, de chocolate.

IV

Fabiola no necesitaba abrir puertas ni ventanas, era especial, pura energía, luz azulada como el mismísimo cielo que mantenía su tono imperturbable, ya adoptara el aspecto de millones de partículas microscópicas que se podían organizar a placer, o el de un chisporroteo vibrante del que se desprendían simpáticas chispitas. Ella podía ir y venir de cualquier lugar a su antojo, porque este maravilloso Ente, podía ser y estar, cómo y dónde deseara.

Era un Guía, un ser de luz, en concreto *un igual, el igual* de Berenguela. La acompañaba desde su nacimiento con el único propósito de proporcionarle una estancia en la vida dulce y apacible.

Fabiola pertenecía a los *iguales*, y por tanto podía desplazarse en el tiempo. Viajaba hasta el futuro de Berenguela y a su manera, chisporroteando en azul, experimentaba absolutamente todas las posibilidades con las que ésta podía encontrarse. Habitualmente, Fabiola se refería a esas experiencias como *futuribles,* le parecía un nombre interesante y misterioso, pero también se conocían como *oportunidades, escenas, actos, hechos, experiencias, posibilidades, prácticas, sucesos, acontecimientos* o *efectos.*

Los iguales manejan el tiempo a su antojo, son inmunes a sus trampas, y aunque van y vienen a placer deben respetar los límites estipulados para experimentar cada *escena*. La regla es muy clara: una milésima de segundo para *vivirla* y otra más para determinar si es la opción a seguir o no. Sus decisiones se basan exclusivamente en la emoción que sienten después. Eligen, siempre y sin lugar a dudas, aquella experiencia que los envuelve en Paz. No juzgan ni se plantean lo sugerente o atractiva que pueda parecer otra posibilidad, o lo absurda e ilógica que sea la seleccionada. Para ellos, tan sólo la sensación de Bienestar es la que determina cuál es el camino a seguir.

De exquisita precisión, nunca fallan, tras explorar el devenir y determinar qué es lo conveniente, acuden al lecho de su humano, y flotando en azul le susurran qué hacer a lo largo del día que les espera. Su susurro nocturno, se refuerza a golpe de intuición o corazonada durante el día.

Expresar gratitud por lo recibido e incluso por lo no recibido, así como poblar la mente de pensamientos benévolos hacia uno mismo y los demás, son acciones muy potentes, seguras y rápidas para mejorar la comunicación entre los dos mundos. Exhibir abundancia de este tipo de comportamientos mejora espectacularmente la capacidad de escucha y confianza del humano, lo cual, irremediablemente, aumenta la frecuencia de las intuiciones y clarifica el mensaje del *igual* que le habla.

Fabiola era muy especial, diligente en su cometido amaba profundamente a Berenguela, pero poseía características que no se encontraban en ningún otro ser de luz y podían terminar interfiriendo con su propósito. Era rebelde, curiosa y tenía un extraño y preocupante apego por los placeres. Siempre escogía en favor de las *escenas* que prometían banquetes, especialmente si el *acontecimiento* olía a chocolate y además incluía música y la posibilidad de bailar durante horas. En estos casos, Fabiola prolongaba el *futurible* para deleitarse con las sensaciones que experimentaba más allá de lo recomendable con el único propósito de seguir disfrutando. Era una práctica arriesgada porque si sobrepasaba el tiempo permitido, si un *igual* experimentaba el *futurible* más allá de un milisegundo, esa *posibilidad* desaparecía de la vida de su humano y eso era peligroso, además de imperdonable.

Por suerte, hasta el momento no había ocurrido, y eso que eran muchas las veces que Fabiola prolongaba hasta el límite las experiencias que le gustaban, no siendo ésta la única licencia y travesura que se permitía. Sin duda, no era un *igual* común. Moría por la sensación que le despertaba un abrazo, en ellos siempre encontraba Paz con independencia de quien lo entregara y las circunstancias en las que se produjera. No entendía por qué los humanos no empleaban más tiempo en regalar y aceptar brazos y calor. Era la sensación más hermosa que *ser un igual* le había proporcionado. A ella, cada abrazo que recibía le iba nublando más y más su criterio divino, hasta el punto de haberlos convertido en una manía, casi una obsesión, era una cazadora de abrazos que conducía a su humana hacia una enfermiza búsqueda de los mismos. Esta costumbre que a ella le parecía divertida, había supuesto para Berenguela un grave problema en más de una ocasión, desde muy temprano su vida se había visto salpicada con romances tormentosos y relaciones absurdas en las que buscaba abrazos para sentirse protegida y en los que sólo encontraba decepción y fracaso.

A ojos extraños, su comportamiento se correspondía con el de una señora alocada, con escaso y desafortunado criterio para elegir a los hombres con los que se relacionaba y por qué no decirlo, algo facilona. A ojos de Fabiola, era una maravillosa humana que obedecía a pies juntilla su voz y le permitía ir de abrazo en abrazo, es decir, de deleite en deleite. A ojos de la propia Berenguela, era una mujer necesitada de afecto a la que se le confundían las emociones y las intenciones, de decisiones desatinadas y reputación mermada y resentida. Una pobre viuda huérfana que buscaba a ciegas sensaciones que sabía, no volverían jamás.

Un buen día se cruzó con Rafael y desoyendo a Fabiola, evitó su abrazo, pospuso un beso y en poco tiempo dio un *sí quiero*. Seis meses más tarde, enviudó. Esta muerte, precipitada y prematura, elevó al difunto a la categoría de *amor de su vida, único amor y verdadero amor*. Fabiola sabía que estaba equivocada y pronto, si conseguía que volviera a escucharla, Berenguela lo sabría también.

V

El Mirador Gourmet era un restaurante moderno que ofrecía unas tapas deliciosas. A Jimena le encantaba aquel lugar y siempre que visitaba La Caleta, reservaba. Un pequeño ventanal de acero inoxidable y tres escalones permitían el acceso al recinto, un tubo alargado recorrido por una estrecha barra. Mesas altas a ambos lados dificultaban el paso de camareros y clientes, que entre perdona, lo siento, no pasa nada, disculpa… se abrían paso. Al final, una encrucijada, si se seguía caminando, otros tres escalones, ahora descendentes te conducían a un salón pequeño en el que disfrutar de un servicio más pausado con postre, café, conversación y tertulia. Si el camino elegido era el de la derecha, tras subir ocho peldaños se alcanzaba otro salón de idénticas características al anterior situado junto a los baños. La opción de seguir a la izquierda no era tal, porque el paso quedaba restringido para uso exclusivo del personal.

Para aquella cena, les reservaron la primera mesa de la barra, ante el ventanal. Las vistas eran muy agradables y Berenguela se sentó frente al cristal. Desde allí podía contemplar el rostro ilusionado de Jimena que se esforzaba por mostrar su lado más optimista y tras ella, la plaza del Torreón. Calle empedrada, terrazas con toldos coloridos, puestos de artesanía y libros usados. Bullicio y alegría. Color y una temperatura para el paseo, ideal.

Berenguela llevaba más de dos años viviendo en La Caleta y era la primera vez que visitaba aquel lugar. Le resultó agradable y sentirse anónima al estar rodeada por turistas, mucho más.

De repente, sacada de todo contexto, vio cruzar la plaza a Mansuara. *¡Uy! ¡mira!...* exclamó. Pero cuando Jimena quiso reaccionar, la vidente ya no se encontraba a la vista. Aquella visión fugaz, hizo surgir en Berenguela una idea, recordó a aquella señora preguntándole sobre semillas de cacao y como fruto de una extraña asociación, sintió *de repente* un inmenso deseo de plantar un árbol de chocolate en su jardín. No se cuestionó el capricho. Adoraba el chocolate. Y sin ton ni son, envuelta en su propia conversación y ajena por completo a la que estaba manteniendo con Jimena le preguntó:

– ¿Sabes dónde puedo conseguir semillas de cacao?

– ¿Eh? ¿qué?... ¿semillas de cacao dices…? – preguntó inicialmente desconcertada por el giro que había dado su conversación – pues mira, ¡no te lo vas a creer! pero en Llovizna van a inaugurar un Museo de Chocolate…

– ¡Qué original!

– … sí, sí. El gerente – prosiguió – es muy amigo de mi ex, es buena persona y a pesar de todo lo que se ha liado guardo con él una buena relación… de los pocos, la verdad. Hace un par de días lo encontré por casualidad en el super y tomamos un café, me contó lo del Museo y me preguntó si conocía a alguien que pudiera desempeñar la labor de guía – tomó un trago de cerveza y continuó – en ese momento le dije que no, pero la verdad es que podría interesarte…

– ¿A mí? – preguntó Berenguela extrañada.

– Sí, a ti. Necesitas retomar tu vida o comenzar otra, no sé, llámalo como quieras, pero debes salir de aquí – le fijó la mirada y se acercó a ella bajando el tono de la voz hasta convertirla en susurro. Berenguela negaba con la cabeza intentando evitar sus ojos. – Me tienes preocupada.

– ¿Y qué hago yo en Llovizna? ¿Y mi casa, mis recuerdos... mi vida?

– Llovizna y Los Frutos están muy cerca, puedes venir a vivir conmigo. Mi casa es muy grande y yo estoy muy sola, como tú.

– Bueno... no sé – seguía negando con la cabeza.

– Las noches se hacen eternas, ¿sabes? Me encantaría compartir mi casa contigo y creo que cambiar de aires y poner distancia podría hacerte mucho bien.

– Ya... eres muy amable, Jimena – dijo sonriendo – y la oferta muy tentadora, ¡menuda casa!

– ¡Preciosa! – enfatizó – en la Urbanización equivocada, que mira que se lo advertí... pero ¡preciosa!

– No les hagas caso, a tus vecinos lo que les pasa es que se los come la envidia por dentro, se aburren y les falta vergüenza.

– Jajaja – rió divertida Jimena – me encanta tu análisis. Me encanta y lo comparto. Ahora hablar de mi separación se ha puesto de moda, bueno, hablar no, inventar y fabular acerca de los motivos de mi separación.

– No hagas caso, tú puedes con eso y con más – Berenguela le acariciaba el hombro – agradezco de corazón tu propuesta, pero no estoy preparada. No puedo irme de aquí. No puedo regresar a Los Frutos.

– No te precipites y piénsalo, ¿vale? – suplicó – al menos considéralo.

– Gracias cariño – formuló por toda respuesta y poniéndose en pie siguió – de momento voy al baño. ¿Me pides un creppe de chocolate?

– ¡Faltaría más! ¡marchando uno de chocolate para mi niña!

Berenguela se dirigió al baño sin percatarse del interés que su paso suscitó en un muchacho de jersey a rayas que ni corto ni perezoso la siguió y decidió esperarla.

– Hola – pronunció con timidez cuando tras salir del baño se topó con él. El corazón le dio un vuelco y comenzó a acelerársele sin control – ¡madre mía! ¡qué sorpresa!, ¿no? – expresó al tiempo que intentaba esquivarlo.

– Sí, grata sorpresa, ¿verdad? – su tono era grave y hablaba con lentitud, arrastraba las palabras mientras sujetaba por el brazo a una Berenguela que, con inútiles esfuerzos, trataba de continuar su camino. – ¿Estás acompañada? – preguntó lleno de intención.

– Estoy con una amiga – las palabras se le entrecortaban – ya nos íbamos – mintió.

– ¿Tan pronto? – preguntó sin esperar respuesta y acercando su cara a la de la viuda, tanto, que ésta sintió cómo su espeso y repugnante aliento la invadía produciéndole una náusea irreprimible. – Espero verte luego por ahí, y si te apetece…

– Seguro – respondió consiguiendo desprenderse de sus manos y poniendo rumbo hacia Jimena.

Regresó a su mesa desencajada y con dos mordiscos puso fin al postre y también a aquella velada… *por favor, llévame a casa*… su amiga accedió sin preguntar. El silencio las acompañó hasta el coche y de allí a casa de Berenguela. Un… *lo siento*, por toda despedida.

Jimena achacó la reacción a un recuerdo, y estaba en lo cierto. Pero aquella estampida, obedeció al asco, no a la pena. Ni rastro de Rafael en la mente de una Berenguela que como no pudo escapar de sí misma, tuvo que conformarse con salir despavorida de allí. Cuanto más lejos del muchacho del jersey de rayas mucho mejor. No era capaz de recordar su nombre, pero volver a verlo le había revuelto las entrañas. Y no solo por asco, también sentía vergüenza y culpa.

Se habían conocido dos años atrás, en concreto dos días antes de la precipitada marcha de Rafael. Su marido estaría fuera el fin de semana, el trabajo lo reclamaba. Le pareció buena idea organizar una fiesta y sus amigas acudieron encantadas. Todas aportaron algo. Tomasa su alegría, una botella de vino maravilloso y la compañía de un amigo de un amigo que estaba de paso y pronto se marcharía.

Si al dar las cuatro los despidió, debían ser las cuatro y media cuando aquel chico, con un pretexto estúpido, llamó a su puerta. No sabía nada de él, ni siquiera su nombre y sin embargo, recordaba con detalle absolutamente todo lo que aquella noche compartieron. Su absurda conversación, las copas que tomaron, esas risas sin gracia con miradas intencionadas y la llegada inesperada de un abrazo que ella creía no haber provocado pero que llegó, la envolvió y de nuevo la cegó. Recordaba sentirse culpable por dedicar apenas un resquicio de sí misma a Rafael para después no volver a pensarlo en toda la noche. Y también volvía a su mente aquel momento en el que la tomó de la mano y ella, dócil como nunca lo había sido, se dejó conducir hasta la playa. Y allí, en el mismo lugar donde horas más tarde esperara espantada el regreso de Rafael, se perdió en unos brazos que no quería abrazar, pero que no pudo rechazar.

Y aquella noche estaba destrozada, porque no podía olvidar que no fueron los abrazos de Rafael los últimos que recibió, sino los de aquel muchacho de jersey a rayas con el que acababa de toparse y del que ni siquiera recordaba su nombre.

VI

Berenguela llevaba horas dejándose abrasar por el llanto. Abatida sobre su cama y con la cara enterrada en la almohada lloraba ajena a las palabras de amor y consuelo que Fabiola le regalaba… *no te preocupes, mi amor. Tu futuro me ha mostrado comienzos y cambios, no he sentido la ilusión ni disfrutado de abrazos, pero todo llegará, ahora es el momento de prepararse para recibir sonrisas y sentir gratitud. No llores, pequeña. En cuanto te duermas te lo contaré todo… hoy voy a cantarte, a los principios hay que darles la bienvenida como se merecen, ¡con alegría!*

Era una lástima que los rudimentarios sentidos de Berenguela no le permitieran escuchar la dulzura de estas palabras, ni la melodía que Fabiola estuvo entonando para ella hasta bien entrada la madrugada. Aquella luz azul que siempre la acompañaba y que para aquella ocasión vestía de gala, susurró sin poder ocultar su excitación… *Los Frutos, tren, comienzo, amigas* y como no… *chocolate.*

– Composición de una Mente. Enumera sus elementos – dijo Otilia.

Se dirigía a una Engracia inquieta y nerviosa que tras la visita a la Mente de Berenguela de aquella noche tenía que retornar a Vêkigo. La rosada aspirante, que por fin había encontrado su nombre, pronto se sometería a una dura prueba de nivel, si estaba a la altura regresaría junto a Otilia para finalizar la misión, si no lo estaba, le esperaba la carne, lo olvidaría todo y se convertiría en un humano desorientado y perdido. Llevaba dos años visitando la mente de Berenguela y ahora tenía que demostrar lo aprendido.

– Pues, al entrar en una Mente nos encontramos con La Pradera y al final de ésta, La Montaña Fántica – respondió muy segura – algunas, las sensibles y especiales, también disponen de un espacio acuoso llamado Agua Azulada.

– Muy bien, Engracia – premió Otilia – ¿puedes hablar un poco más de este espacio?

– Sí, bueno, un poco – respondió pensativa – ya digo que no es muy común y cada día se le descubren características y propiedades nuevas, pero podemos concluir que es el espacio en el que el humano acumula y recoge su pena y dolor. Es algo así como un refugio para la tristeza. Se puede encontrar en estado líquido, formando un lago, gaseoso como si fuera una nube o sólido, siendo en este caso duro como el hielo y algo rosado como el mármol. – Se detuvo como si necesitara tomar aire para seguir con su exposición. Este tema le entusiasmaba – si está en estado líquido y se desborda, el humano llora y se libera. El resultado es altamente beneficioso y saludable. Por otra parte, el agua se solidifica en aquellos casos en los que el dolor supera a la tristeza y no es posible llorar. En cuanto al estado gaseoso, éste sigue siendo un misterio.

– Maravillosa exposición, estoy muy orgullosa, mañana puedes hacerlo muy bien – dijo Otilia – ve tranquila.

– Gracias, ya veremos. Me encanta esta labor y me gustaría ser tan hábil como tú.

– Berenguela se ha dormido y ya he pronunciado mi susurro – dijo Fabiola interrumpiéndolas – cuando queráis.

Era una invitación a su Mente. Las dos esperaban, pacientemente, a que el sueño la venciera y tras el susurro de Fabiola, actuaban. O al menos, lo intentaban. Aquella noche, mientras Engracia preparaba su prueba, habían estado adornando de rosa la terraza de Berenguela, contemplar las estrellas las hacía sentir como en casa.

— Ya vamos, estamos terminando – dijo Otilia antes de formular la última pregunta. – Y de la Montaña Fántica, ¿qué puedes decirme?

— Es el lugar donde se guardan los recuerdos y las memorias del humano. No todas son buenas ni deben permanecer ahí, pero están vigiladas por un Custodio y no resulta sencillo borrarlas. Es un fiel protector que no descansa nunca. Algunas se van repitiendo en numerosas ocasiones a lo largo de la vida del humano, pueden cambiar las personas, lugares y circunstancias, pero el hecho en sí, permanece invariable.

— ¿Por ejemplo? – preguntó Otilia interesada. Le gustaba la facilidad de Engracia para simplificar lo complejo.

— Pues mira, por ejemplo y sin ir más lejos, a Berenguela se le repite la memoria del no-adiós, entre otras.

— Exacto, eso nos dijo Mansuara.

— Las personas o las circunstancias de su vida que le hacen feliz, desaparecen de la noche a la mañana sin despedirse dejándola huérfana y desconcertada: su perrita, su madre, su esposo, sus trabajos… y no hay nada que pueda hacer o decir. Tiene esa memoria dentro y mientras esté ahí, las no-despedidas se irán repitiendo inexorablemente a lo largo de su vida.

— ¿Podemos hacer algo al respecto?

— Solas no. Para solucionar el problema de las memorias que se repiten, necesitamos la ayuda de otros guías. Los *artistas*, como Mansuara, son los encargados de identificar los recuerdos a tratar; algunos de nosotros, no todos, podemos persuadir al Custodio y convencerlo para que elimine esa memoria de la Montaña; y por supuesto, no podemos olvidar la fantástica labor que desempeñan los *Ayudantes*.

— ¿Y el humano? ¿Qué debe hacer?

– Poca cosa. No necesita conocer qué ocurre, ni siquiera necesita creer en nosotros o conocer nuestra existencia. Sólo ha de sentir gratitud y perdonar, cuanto más, mejor.

– ¿Y?

– ¡Ah! Y no juzgar – remató Engracia – que casi olvido lo más importante. Ni a otros, ni a sí mismo, por supuesto. Nada de etiquetas ni críticas. Los cotilleos son demoledores.

– Muy bien, muy bien, ¿algo más? – Otilia se sentía orgullosa de su aspirante.

– No, es un tema complicado el de los recuerdos. El Custodio lo hace difícil.

– Lo sé, complicado y muy importante. Poco a poco iré mostrándote cómo actúan y determinan la vida de los humanos, no te preocupes, lo aprenderás todo. Por último, recuerda repasar el tema de los Pensamientos y el de las Funciones del Guía, siempre preguntan algo.

Las *gentiles* tenían la habilidad de entrometerse en la Mente del humano durante el sueño y permanecer allí tanto tiempo como estuviera durmiendo. No podían acceder directamente, necesitaban un vehículo, un transporte muy especial que no todos los humanos tenían, las *ondas de gratitud*. Y afortunadamente, Berenguela a pesar de estar sumida en la autocompasión y arrastrar una depresión infame y castrante, sentía gratitud cada día por las pequeñas y no tan pequeñas bendiciones que la vida le ofrecía. Se maravillaba ante las espléndidas vistas que la naturaleza le regalaba, le alegraba el dulzor del chocolate, se emocionaba con el calor que recibía de su amiga, sentía seguridad frente a la vida gracias a la suculenta herencia que le había dejado Rafael…

Y allí estaban sus *gentiles*, una noche más en medio de La Pradera, haciendo lo que habían ido a hacer: observar.

– ¡Vaya! – exclamó Otilia.

– ¿Qué? ¿Cambios? – preguntó muy excitada Engracia.

– Algo así. Mira – dijo señalando en dirección al Agua Azulada. El nivel del Agua había descendido desde el día anterior considerablemente, tanto, que dejaba entrever zonas secas en las que destacaban pequeñas lucecitas azules, verdes y moradas, todas ellas redondas y bailarinas.

– ¿Qué son? – preguntó Engracia. Nunca había visto nada parecido ni oído hablar de tal tipo de formación.

– ¡Vaya! – volvió a exclamar Otilia por toda respuesta – ¡vamos!, no mires ni hables con ningún pensamiento, fija tu atención en las luces.

En menos de lo que dura un parpadeo se encontraban frente a aquellas bolitas danzarinas que en cada pirueta emitían una agudísima nota musical, siempre la misma. Sonaban sin ton ni son y en ese descompás creaban su propia melodía.

– ¿Música? – preguntó muy extrañada Engracia.

– Sí, música. Es un fenómeno raro y muy hermoso – Otilia estaba extasiada. Jamás, en toda su carrera había encontrado una mente musical. Las conocía, pero tan sólo de oídas, para ella eran una leyenda.

– ¿Y...? – Engracia no podía más.

– Aparece en las mentes que consiguen sobreponerse al dolor, que tienen la fuerza y el coraje suficiente para vencerlo y no sólo eso, sino que más tarde, poco a poco, consiguen utilizar su experiencia para ayudar a otros a superar sus dramas – explicó Otilia – realmente hermoso y esperanzador.

– Entonces, ¿Berenguela está bien?

– ¡No! ¡Qué va! – exclamó – Berenguela está fatal, ya la has visto, pero hay esperanza, aunque no es capaz de sentirlo, algo en su interior desea sobreponerse. Ese deseo, esa intención es suficiente. Del resto, ya nos encargaremos nosotras.

– ¡Qué bien! Excelente noticia – dijo Engracia.

– Sí, excelente – Otilia recordaba cómo el primer día encontraron el Agua Azulada cristalizada formando un inmenso bloque de hielo que lo abarcaba todo y convertía a la inmensa Montaña en un diminuto islote; y cómo la imagen de los pensamientos de muerte esparcidos en lo que quedaba de La Pradera, unos dormidos y otros aletargados por el efecto de los fármacos, le hizo temer lo peor. Ahora aquella Mente comenzaba a florecer. – Poco a poco – pensó.

Cuando contaron a Fabiola lo que habían descubierto, se puso tan contenta, que transformó su azul en dos gigantescas manos que se hacían y deshacían en aplausos ruidosos. Convocaría a los *Ayudantes* y organizaría una reunión con Mansuara. Berenguela estaba preparada y el principio del fin, había llegado. Era el Ser de Luz más feliz de todo el Universo.

A la mañana siguiente, Jimena compartió su alegría. Berenguela, abatida pero firme, había aceptado su propuesta, iría a vivir a su casa, a su maravillosa casa de Los Frutos y repartiría su palabra a todos aquellos que desearan conocer las maravillas del chocolate.

LOS FRUTOS

I

Si te alejabas de La Caleta en dirección norte, podías llegar a la siguiente ciudad costera, Los Frutos. La distancia recorrida no superaba los 10 km repartidos entre curvas y cambios de rasante. Las palmeras te podían acompañar y un refrescante paisaje de mar, también. Casitas blancas en la montaña y frente a ellas, veleros y gaviotas.

Era un lugar peculiar y especialmente hermoso, contaba con el océano como cómplice y eso era mucho contar. El nombre de la ciudad, el real, el de libros y registros oficiales: Covas de la Santa Tierra, nada tenía que ver con el apodo con el que se conocía en el mundo entero y que obedecía a una característica única: todas sus calles lucían hermosos, coloridos y fértiles árboles frutales que decoraban y siempre alegraban el paso.

Fue su primer alcalde, quien espantado ante la responsabilidad del bautismo de sus calles optó por simplificar… *sí, lo tengo claro, como se llame el árbol se llamará la calle.* Y sin más, su propuesta fue aprobada por unanimidad perdurando a través de los siglos.

Aunque Berenguela había nacido en los Frutos y pasado la mayor parte de su vida allí, no le tenía demasiado cariño. Quizá su estado de ensoñación continua y esa cualidad tan suya de sentir que no estaba donde debía, contribuyeran al desapego. Cuando se casó con

Rafael no lo dudó, puso la casa de su madre en venta y muy pronto ya no le quedaba ninguna razón para volver, salvo las sensaciones vividas junto a sus amigas en el *Yo Soy*.

Y es que decir que el *Yo Soy* era una cafetería, sería decir muy poco. Tenía fama nacional y su dueño, Lalit, llevaba concedidas varias entrevistas en las que contaba las maravillas del lugar y se definía a sí mismo como un *dador de momentos* o *facilitador de encuentros*. No se cansaba de repetir que desconocía la existencia de fórmulas mágicas para el éxito y que no tenía ningún secreto al respecto, salvo claro está, creer en los milagros.

Incluso su puerta era una inmensa joya de madera de pino que en negro, rezaba su nombre en diferentes idiomas mientras jugueteaba con sus letras cambiándoles el tamaño y la forma. La sala principal de aquel santuario era un espacio diáfano y luminoso que de inmediato te contagiaba su frescura. En el centro dominaba una barra, una isla revestida de azulejos blancos en perfecta combinación con el turquesa de las sillas y mesas. Al final de la estancia, una gigantesca puerta que comunicaba con el patio y junto a ésta, en la esquina de la derecha, un abeto con decoración navideña sin importar la época del año que marcara el calendario.

Como singularidad, dos apéndices que prolongaban la barra central, en uno de ellos se exponían en canastos de mimbre un alegre y amplio abanico de frutas de temporada donde el amarillo chillón de los limones presidía con descaro. En el otro extremo, bollitos, dulces y panecillos. El aroma resultante siempre era fresco, sugerente, muy particular y por supuesto, gratamente recordado.

Berenguela amaba aquel lugar, se podían conjugar los cafés y las tertulias con silencios y buena lectura frente al calor de una chimenea. Y siempre, siempre, se disfrutaba del aroma de las flores, la alegría de las frutas frescas y la ternura de los dulces y el pan.

Era un inmenso local, distribuido en tres plantas, con patio y terraza para que los soñadores pudieran conversar con las nubes, pero también con chimenea y biblioteca, donde los tímidos y necesitados de calor, se sentían abrazados.

Para Berenguela y sus amigas era un segundo hogar. En él habían desnudado sus almas yendo en un instante, del comentario más frívolo y obsceno a la reflexión filosófica más profunda, de un trago al siguiente. El día para compartirse era el viernes. Su bebida, licor de avellana servida en vaso de vidrio grueso y muchísimo hielo, o un *Yo Soy Misterio* como lo llamaba Lalit.

En el patio de aquel lugar, Berenguela les mostró a sus amigas el anillo de compromiso que Rafael le había regalado y a continuación, entre risitas y grititos les anunció la fecha de su boda. Y todas lloraron, como también lo hicieran unos meses antes cuando Palmira les comunicó su diagnóstico… *no preocuparos, sé que suena mal, pero el pronóstico es bueno, ¡no podrá conmigo!*

Allí celebraron la despedida de soltera y ahora, dos años más tarde, la de bienvenida. Tomasa y Jimena se encargaron de todo. No hubo estridencias ni aparatosas sorpresas, el ánimo de Berenguela no acompañaba, pero qué menos que reunirse y charlar ante unos *Misterios.*

– ¡Berenguela! – Lucrecia gritó el nombre de su amiga y se dirigió a ella despavorida – ¡amor! ¡un beso! – le dijo propinándole un abrazo que la hizo tambalearse. Era rubia, esbelta y mantenía una figura espectacular a pesar de sus tres vástagos.

– ¡Hola! – respondió saliendo de sus pensamientos – ¡Cuánto tiempo! – exclamó mientras pensaba en lo estupenda que estaba su amiga y en que le parecía increíble no haberla vuelto a ver desde el día de su boda.

– Demasiado, demasiado. No tenemos perdón ninguna de las dos, pero aquí estamos – dijo señalando hacia la mesa donde esperaban las demás – de nuevo juntas.

Entre ellas, plácidamente suspendida en rosa, la fiel Otilia. Orgullosa y flotando con un tenue vaivén contempló la llegada de Berenguela y el brillo de sus ojos y la amplitud de su sonrisa… esperaba impaciente que llegara la noche para adentrarse en la maravillosa mente de aquella mujer. Algún cambio habría, de eso estaba segura. Era una regla fija y divina. Te pongas como te pongas, si tu vida cambia, es porque tus pensamientos, en mayor o menor medida, con mayor o menor acierto, también han cambiado.

Las cinco disfrutaron de aquel encuentro, la tarde pasó entre risas y anécdotas que a pesar de haber sido contadas mil veces seguían despertando carcajadas. Varios *Misterios* y algún que otro *Peligro* más tarde, a Berenguela le acudió el llanto… *no pasa nada, de verdad. No es pena, qué va… pero estoy emocionada… gracias por todo…* y Tomasa, desconociendo que era un maravilloso Ser Multicolor y aventajando al resto en *Peligros* bien cargaditos de ron, comenzó a llorar escandalosamente y entre hipos y suspiros se abalanzó sobre Berenguela para achucharla… *¡mira que eres tonta, mujer!, ¡me has hecho llorar!, ¡bienvenida a casa!*

La magia de aquel momento culminó con la visita de un invisible y poderoso tsunami rosa palo que recorrió a Berenguela de pies a cabeza varias veces cuando pronunció un sincero y emocionado… *gracias.* Otilia estaba encantada. Los *Ayudantes* habían llegado y para su sorpresa, pudo comprobar que a pesar de la desdicha y sensación de vacío que acompañaba siempre a Berenguela, ella, también era un Ser Multicolor.

II

– ¡Estoy entusiasmada! – exclamó Fabiola – ¡cuatro!, ¡ni más, ni menos, Otilia!, ¡son cuatro!

La llamada de Fabiola no había caído en saco roto y en Vêkigo determinaron enviar cuatro *Ayudantes* al auxilio. Eran energías carentes de intención, herramientas con las que los Seres de Luz se complementaban y gracias a las cuales podrían definitivamente terminar su misión. Se conocían por millones, cada una con su vibración y frecuencia característica, su color y manera de expresarse.

– ¡Ah!, ¡qué maravilla! – respondió Otilia mientras sonreía y asentía con la cabeza porque a uno de ellos, a las *ondas de gratitud*, ya las había visto por la tarde en el *Yo Soy* – vi en la cafetería a las ondas – dijo.

– Pues, más tarde han llegado *las fortunas, los olvidos y el sentido del humor*– Fabiola se sentía orgullosa, la respuesta de Vêkigo le había emocionado, poner a su disposición todas aquellas chispas de luz significaba que la tomaban en serio – verás que cara se le queda a Mansuara cuando las vea.

– Se pondrá contenta. No importa quien solicite el servicio, sino el resultado que consigamos entre todas – indicó muy seria Otilia – trabajamos en equipo, todas somos necesarias. El destino es Berenguela, no tú, ni tu orgullo, ni tus tonterías con Mansuara – el tono era cada vez más grave – no lo olvides.

– ¿Y Engracia? – preguntó la luz azul tratando de desviar la atención.

– En Vêkigo, lleva tres días allí… no sé, no sé – contestó preocupada.

– Prueba de nivel, ¿no?

– Sí, eso es. Está preparada, pero ahora, con tanto cambio, con el riesgo de la Unificación siempre presente… es difícil saber qué se espera de nosotras.

– No te preocupes, vendrá pronto – dijo intentando tranquilizarla.

– Ya, ya…– le inquietaba la tardanza de Engracia tanto como su preocupación por ella. Los apegos y los miedos eran cosa humana. Y que ella sufriera de ambos, cosa de la Unificación… *en fin…*

III

Engracia, en realidad, había regresado de Vêkigo a las pocas horas de finalizar con éxito su prueba de nivel. Le había resultado sorprendentemente sencilla, ni rastro del Custodio ni de la Montaña Fántica, afortunadamente. Otilia era una profesora muy entregada y a ella se le despertaba el interés por momentos. Las mentes humanas y los pensamientos que las poblaban le parecían apasionantes. Haber superado esa prueba la acreditaba para explorar mentes e incluso dirigirse sin supervisión a los pensamientos de primer grado, los más sencillos. Se suponía que en otras ocasiones ya había superado ese reto bajo la atenta mirada de Otilia. Nada más alejado de la realidad. Ésta, era una *gentil* exageradamente comprometida con su labor y nunca había permitido que Engracia abordara a los pensamientos por considerarla imprevisible y poco disciplinada. Hasta ese momento, la aspirante se había limitado a observar y tomar nota de lo que contemplaba habitualmente extasiada. Estaba impaciente por comenzar a parlotear con unos y otros con el fin de propiciar transformaciones como las que Otilia era capaz de llevar a cabo, ansiaba poder cantar, gritar, susurrar… aquellas maravillosas palabras mágicas que tantas veces había pronunciado su maestra y que poco a poco iban poblando La Pradera de pensamientos hermosos y coloridos.

No era posible resistirse a su poder, incluso la mente de Berenguela, rebelde como pocas, comenzaba a cambiar su paisaje.

Antes de incorporarse a su día a día, tuvo un impulso que le sobrevino como todos los impulsos, sin avisar, y que la condujo derechita al lecho de Palmira. No sabía por qué, pero tenía debilidad por aquella rubia y delgada mujer que deambulaba ojerosa y desprendiendo fragilidad. La sentía débil y desamparada. Sola. Entregada.

Ni lo deseó, ni lo pidió, pero de repente se vio contemplando la desolación de su mente. Al fondo una Montaña rocosa y oscura rodeada por placas de hielo esparcidas por todas partes que apenas dejaban espacio a La Pradera. Recordaba la Montaña de Berenguela y en ella se podían observar luces y sombras, zonas cristalinas y destellos brillantes muy hermosos. Pero en Palmira, prácticamente todo era oscuridad. Con sigilo y algo temerosa se aproximó a un ramillete de pensamientos cercanos, sus colores pertenecientes a la gama de los marrones, grises y morados los delataban, no cabía ninguna duda de que se trataba de pensamientos perniciosos.

– Hola – les dijo con voz cantarina y pensando que hacerse la simpática ocultaría su inseguridad.

Ni la miraron, ni le dirigieron la palabra. Nada. Permanecieron erguidos, estirados y prepotentes en su lugar.

– No les hagas caso – pronunció una voz. Engracia no era capaz de identificar su procedencia – llevan tanto tiempo ahí, que creen que nada ni nadie los puede transformar – continuó.

– ¿Los conoces? – preguntó al aire.

– ¡Claro! – exclamó asombrada – ¿Tú no?, se trata del Triunvirato del Arpón, ya sabes.

– ¡Ah!, ¡esos del Arpón! – respondió Engracia sin tener idea de a quienes se refería mientras tomaba nota de la conveniencia de preguntar a Otilia sobre ellos. – ¿Y tú? – siguió – ¿quién eres?, ¿dónde estás?

– Soy la Esperanza, estoy enterrada aquí abajo, esparcida por toda esta mente. Llevo años intentando alcanzar la superficie pero cada vez me hundo un poco más y están comenzando a salirme unas raíces muy raras que me empujan hacia lo profundo y muchas veces impiden que me mueva.

– ¡Yo te ayudaré! – dijo Engracia precipitadamente sin saber de qué trataba el asunto, porque aunque le faltaba formación y práctica, le sobraba voluntad.

Sintió un deseo inmenso de transformar aquella mente en un lugar maravilloso, en alegrarlo con luz y color y quién sabe si también, con una deliciosa y dulzona melodía. Y decidió, creyendo que de ella dependía, que Palmira sería su propósito.

– ¿Te ha visitado alguien más? – preguntó.

– No, desde que aquello ocurriera, no ha podido acceder nadie a este lugar – respondió la Esperanza apenada – no me explico cómo lo has conseguido tú.

– ¡Cuidado! – exclamó una luz parduzca que espigada y esbelta se balanceaba como si una brisa invisible la meciera. Engracia se sobresaltó y giró hacia atrás – ¡si llego a ser Lo Profundo, no la cuentas! ¡ten más cuidado! ¡presta atención! – exclamó airada – esta mente es peligrosa, ¿no te has dado cuenta?

– Perdona, yo no quería… ¿Lo Profundo? – preguntó intrigada reconociendo que Otilia tenía razón, le quedaba mucho por aprender.

– El Miedo, La Oscuridad, Lo Profundo. Llámalo como quieras, el nombre es lo de menos. Está por todas partes y es tan fuerte, que puede transformar tu energía y anclarte aquí, con gancho doble, ¿sabes? En ese momento te convertirías en uno de ellos – dijo inclinándose hacia el ramillete de pensamientos oscuros – y entonces… todo estaría perdido.

– ¡Ah! , ¿y tú quién eres? – preguntó mirando a aquella hermosa formación.

– Vengo de allí – dijo balanceándose hacia la Montaña Fántica de Palmira – de la zona iluminada, de los recuerdos hermosos.

– Si eres un pensamiento bonito… ¿a qué se debe tu color? – preguntó Engracia tras dirigir su mirada a aquella diminuta parte de la Montaña y comprobar que la luz que emitía era débil y además, parpadeaba.

– Ya te lo he dicho. Lo Profundo, que todo lo contamina – y bajando la voz, continuó – te ancla aquí para siempre. Yo era un bello pensamiento, un recuerdo de infancia que a Palmira siempre le hacía sonreír. Era amarillo, brillaba y bailaba haciendo piruetas de tanto en tanto. El Custodio me liberó con la intención de poner luz en su vida, a Palmira siempre le alegraba recordar los veranos de su infancia en los que jugaba con sus primos en la piscina, montaba en bicicleta y se dormía con la nana de los grillos sintiéndose profundamente feliz y a salvo, pero mira… me alcanzó El Miedo, me mordisqueó y me contagió su vibración. Ahora cada vez que recuerda momentos de su niñez, sufre.

– ¿Por qué? – preguntó intrigada – ¿hay algo que se pueda hacer?, ¿algo que yo pueda hacer?

– No lo sé. Solo sé que cuando murió su madre todo se ensombreció y desde entonces, todo es Miedo.

IV

– No sabes lo contenta que estoy – dijo Berenguela dando vueltas a un burbujeante líquido anaranjado – no tendré tiempo en esta vida para agradecer a Jimena todo lo que está haciendo por mí. Estas dos semanas en su casa han supuesto un respiro maravilloso, ¡me hacía tanta falta!

Lucrecia la escuchaba con una sonrisa y eso que escuchar, no era su fuerte. Casada desde hacía nueve años había cosechado una vida monótona y aburrida, con tres hijos que le absorbían todo su tiempo y un marido del que seguía profundamente enamorada a pesar de que ni la entendía ni lo pretendía.

– Es maravillosa – dijo por toda respuesta mientras jugueteaba con su rubia melena – ahora está colaborando con un grupo de voluntarios de la Universidad. Quieren a dotar de material un colegio de la isla Valle Azul.

– ¡Ah! – exclamó sorprendida – en La Caleta los mercadillos de este año son también para un colegio.

– El mismo. Jimena va de arriba abajo como una loca con rifas y sorteos para conseguir donativos.

– ¡Qué casualidad! – exclamó dando un sorbo a su *Yo Soy Sorpresa*. *Te va a encantar… no, no te digo qué lleva… verás cómo repites…* le había dicho Lalit sobre aquel brebaje y a juzgar por los largos tragos que Berenguela daba, estaba en lo cierto. – Os he encontrado a todas muy bien. Palmira un poco ausente, eso sí. ¿Está bien?

– Con Palmira nunca se sabe, desde la muerte de su madre…

– ¡¿Qué?! – exclamó alarmada – ¡¿ha muerto su madre?!

– Sí, hace un par de años, poco después de…

– Ya, ya – dijo con la imagen de Rafael llenándolo todo.

– No te dijimos nada, porque no estabas para nada, pero pensaba que después te habrías enterado.

– No, no lo sabía… la pobre. ¿Y de lo suyo?

– Del cáncer no se habla. Es un tema tabú, totalmente tabú – dijo Lucrecia enarcando las cejas y frunciendo los labios – sabemos cuándo le tocan las pruebas porque se pone rara, desaparece unas semanas y cuando regresa solo le preguntamos ¿dónde te has metido? Y ella contesta: de médicos. A lo que nosotras volvemos a preguntar y ¿qué tal? Y ella como mucho dice un rotundo: todo bien. Pero cualquiera sabe.

– Pobre – volvió a decir Berenguela – ¿y vendrá hoy Tomasa? – preguntó interesándose por su amiga, la siempre bronceada y sonriente Tomasa, que sabía combinar como nadie una ondulante melena castaña con sus expresivos y alegres ojazos.

– No sé, ¿por?

– Por nada, ya conoces su afición a los videntes y las pitonisas – explicó Berenguela sonriendo.

– Sí, es muy graciosa. Tan racional y lógica para unas cosas y tan *alternativa* para otras – y rió. Y a su risa siguió la de Berenguela y a ambas, una imperceptible y gigantesca pompa translúcida de color rojo brillante que en el mismo instante en el que apareció, desapareció. Era *La Alegría* que acudía a la llamada de la risa. – Siempre ha sido así. Un día, hace mil años, me hizo acompañarla a casa de una echadora de cartas – dijo.

– ¿Y? – preguntó interesada.

– No mucho, me dejó esperando en una sala de estar con los dos niños de la pitonisa. Ella no sé, yo desde luego no me aburrí, ¡no paraban! – y volvieron a reír – ¿te lo puedes creer? Me hace ir hasta allí, mentir a mi madre, saltarme las clases de la tarde y cuando llegamos me dice muy solemne… *Lucrecia, mejor te quedas fuera, es por lo de la intimidad y privacidad ¿sabes?* Mi cara debía ser un poema, porque sin decirle nada siguió… *no te importa, ¿verdad?* Y cuando salió, una hora más tarde y seria como si estuviera en un funeral, solo me dijo… *vaya mierda, siempre lo mismo, ¿nos tomamos algo?* – y rió con ganas al recordar la anécdota. Y una segunda burbuja apareció y se esfumó.

Tomasa era de esas personas con las que es imposible el enfado porque su energía, sencillamente, no lo permite.

Berenguela había pensado volver a su puesto del mercadillo, llevaba ausentándose tan solo dos semanas pero no podía desprenderse de esa desagradable sensación de estar traicionando al difunto.

Quizá la compañía de Tomasa atenuara la tristeza que siempre sentía sentada bajo aquel toldo, y con toda probabilidad, la expectativa de conocer y conversar con una vidente de las de verdad, supondría un reclamo perfecto para ella. Le hablaría de la maravillosa Mansuara y no podría negarse.

Sin embargo, regresar a La Caleta y retomar antiguas costumbres no era lo adecuado. Berenguela continuaba cada noche besando el retrato de Rafael y haciéndolo partícipe de su día a día en Los Frutos. Muchas veces, lo abrazaba y se dormía con él llenándolo todo. Ésas, eran noches de susurros cariñosos por parte de Fabiola y de paciencia infinita por parte de las *gentiles*. De repente, el Agua Azulada incrementaba su caudal y el lecho de La Pradera se poblaba de tonos oscuros y cenizos. Estos retrocesos formaban parte de su proceso de recuperación, no había motivos para alarmarse, aunque si se repetían con frecuencia podía resultar desmoralizador.

Fabiola todavía experimentaba en múltiples *escenas* a Berenguela en su apartamento azul mirando el mar en actitud de espera, Berenguela decorando frascos de vidrio, Berenguela rota de dolor en su cama, Berenguela perdida en brazos desconocidos, Berenguela en el mercadillo con Mansuara y Tomasa… Éstas eran *oportunidades* que no debían materializarse, se seguían de dolor y llanto. Pero afortunadamente, también experimentaba otros *futuribles,* opciones maravillosas que planteaban un futuro esperanzador… Berenguela en un tren, Berenguela viviendo en Los Frutos, Berenguela conversando y riendo con sus amigas en el *Yo Soy,* Berenguela contemplando la sonrisa de un muchacho pelirrojo.

Por eso, Fabiola cada noche, susurraba con amor y la esperanza de ser escuchada… *tren, amigas, diversión, pelirrojo,* y como no, *chocolate.*

V

El reencuentro con sus amigas resultó altamente beneficioso. No esperaba la bienvenida que le habían regalado, o al menos, no de todas ellas. Lucrecia le había sorprendido muchísimo, nunca fue su mejor amiga, ni mucho menos. Sus conversaciones jamás consiguieron crear la atmósfera necesaria para que sus corazones se abrieran o se propiciara una íntima confesión. Era una respetable madre de familia, seria y responsable, universitaria y siempre perfecta. Peinado, maquillaje y vestuario a la última. Conservaba una figura envidiable, era esbelta, elegante y sabía estar en cualquier situación. Esta circunstancia irritaba especialmente a Berenguela, sobre todo cuando en noches de poco dormir y mucho beber, Lucrecia parecía recién salida de casa y brillaba maravillosa sobre el resto de las mortales que como poco, iban de acá para allá despeinadas y desorientadas. Lo suyo, parecía ser cosa de brujería.

Las intimidades y conversaciones profundas, las mantenía con Palmira. Ella sabía acerca de sus sueños más íntimos y elevados propósitos. Sus cafés siempre terminaban envueltos en los misterios de la vida y la muerte, pero cuando le diagnosticaron aquella maldita enfermedad, la comunicación entre ellas se volvió fría y distante, para más tarde, cuando Berenguela se marchó con Rafael, terminar por romperse definitivamente. No habían vuelto a mantener contacto.

Ninguno. Un inofensivo silencio que más tarde, y sin motivo alguno, se convirtió en abismo. Ahora que estaba de vuelta, sin palabras, ambas se recriminaban el abandono y el olvido.

Por su parte, Tomasa siempre de buen humor y caminando con la broma a flor de piel, parecía provenir de otro mundo. Berenguela la consideraba una ocultadora, tal y como se consideraba a sí misma, y aunque no tenía ni idea de qué escondía tras ese magnífico sentido del humor, sí había notado que cuando Lucrecia las acompañaba, se mostraba distante, podría decirse que incluso avergonzada.

Y Jimena, su amor. Con ella todo era natural y sencillo. La hacía sentir maravillosamente bien porque hiciera lo que hiciera y tomara la decisión que tomara, nunca le recriminaba ni cuestionaba, a su lado se sentía libre.

– ¿Entonces lo has pasado bien? – preguntó Jimena sirviendo dos ensaladas en sendos platos. Compartir el momento de la cena y adornarlo con una animada conversación, era un fantástico placer del que hacía mucho tiempo no gozaba ninguna de las dos.

– Fenomenal, ha sido una tarde estupenda – contestó Berenguela. – Gracias, ¡qué buena pinta tiene!

– Sí, fresquita. Come.

– ¿Sabes que me ha recordado Lucrecia esta tarde y casi me muero de la risa? – preguntó divertida.

– No, ¿qué? – dijo antes de mordisquear un apetitoso tomate.

– Lo de *hacer la Isidra* – y rió con ganas contagiando a Jimena que casi se atraganta con sus carcajadas.

– ¿Y eso? – preguntó secándose las lágrimas.

– Pues nada, que en un momento de la conversación, no recuerdo qué he dicho y Lucrecia, como quien no quiere la cosa va y me suelta *no hagas la Isidra* – Berenguela detuvo su explicación para reír de nuevo – ¡hacía años que no escuchaba esa expresión! y casi me caigo de la silla.

– Jajajaja – rió Jimena.

– ¿Qué habrá sido de la pobre Isidra? – preguntó interesada.

– No sé. No tengo la menor idea. Cuando terminamos el Instituto desapareció, ¿te acuerdas?

– No, la verdad es que no.

– Pues se marchó, y al cabo de unos años regresó – dijo Jimena dejando su plato en el fregadero – para volver a marcharse y no regresar nunca más.

– Ni falta, era una desgraciada – afirmó Berenguela.

– Cierto, muy cierto – concluyó su amiga.

Isidra fue compañera de colegio primero y de Instituto más tarde. Tenía el cuestionable poder de aglutinar en su pequeño ser todo lo temible. Mentirosa, manipuladora, oscura, falsa, mezquina y ruin, era capaz de sonreír con los labios mientras calculaba su próxima fechoría. Cerebral y tacaña como pocos. Pero no quedaba ahí la cosa, afortunadamente también era torpe, obtusa y estúpida, de tal manera que el miedo que las demás niñas le tenían durante la infancia, se convirtió en mofas y burlas al llegar a la adolescencia y para su desgracia, la llevó a ser considerada como un ser patético en la edad adulta.

Una vez comenzaron a superar el trauma de la insoportable Isidra, ya no la temieron jamás. Cuando bromeaban entre ellas y alguna decía algo absurdo o tenía un comportamiento inapropiado, sustituían el tradicional *no seas tonta* por un original *no hagas la Isidra*.

Tras la cena, se acomodaron en la terraza anexa al dormitorio de Jimena y contemplando las estrellas se dispusieron a repasar el itinerario por enésima vez.

– Recuerda, Berenguela, pasas cuatro calles en dirección al centro… Los Limoneros, Los Naranjos, Los Melocotoneros y Los Albaricoqueros y justo en frente, en Los Cerezos se encuentra la estación. – Jimena repasaba, de nuevo, el camino que tendría que recorrer su amiga.

– Ya, ya – dijo riendo – sólo he estado fuera un par de años y por lo que veo, todo sigue en su sitio. No te preocupes que sé ir hasta la estación… ir y volver – y las dos rieron.

– Cerraron la cafetería hace un año y el tren que va a Llovizna es un pequeño cercanías, una cafetera que cubre el trayecto Los Frutos-Llovizna cada treinta minutos – Jimena se sentó en su tumbona junto a Berenguela y prosiguió – parece más un autobús de línea que otra cosa.

– Una lástima que cerraran la cafetería – apuntó al recordar los deliciosos pastelitos de nueces que ofrecían.

– Sí, pero qué se le va a hacer – dijo Jimena – en apenas veinte minutos llegas a Llovizna y el Museo está ahí mismo, en el edificio de al lado. Recuerda preguntar por Jesús, el gerente, te estará esperando para ponerte al día.

– Gracias, Jimena – dijo Berenguela abrazándola – espero no defraudarte y poder mantener esta ocupación durante mucho tiempo.

– De nada, no seas tonta mujer. Por ti haría esto y mucho más – dijo sonriendo – recuerda el primer tren sale a las siete y media y el último de regreso a las ocho en punto.

Aquella noche, le habló al retrato de Rafael de su divertida tarde con Lucrecia, de la agradable cena con Jimena, de su preocupación por Palmira… y sin darse cuenta se quedó dormida. No hubo tiempo para su beso. El sueño la venció y sin demora Fabiola se presentó ante ella pletórica y exultante. El futuro traía risas y sueños… ¡por fin! Increíbles y fantásticos sueños, a pesar de no haber encontrado ni rastro de la ilusión, la noticia era esperanzadora.

Y no había rastro de la ilusión de Berenguela, como tampoco lo había de Otilia, que aquella noche se retrasaba. Para distraer la espera, Fabiola decidió adoptar la forma de una impresionante novia con un vestido romántico de corte medieval y cola de proporciones descomunales con el que pasear su brillo azul por todas las estancias de aquella fantástica casa.

Solemne y marcando el paso nupcial, desde la segunda planta comenzó su descenso mientras esperaba la llegada de *la gentil*. Era la zona de buhardillas para invitados, el lugar donde Berenguela se había instalado. Acogedora y encantadora, aquella estancia ya era suya. Cuatro velas con aroma a rosas y dos portarretratos fueron suficientes para personalizar el dormitorio. Puerta corredera blanca con un espejo vertical en el que podía contemplarse al completo. Frente a ella, un inmenso armario empotrado de tres metros de longitud y apenas un metro de altura que se prolongaba en un escritorio sobre el que cuatro estanterías mostraban sus objetos más preciados. Al lado, una ventana que le permitía disfrutar de naranjos y horizonte. Todo blanco y luminoso. Frente a esa buhardilla, otra de idéntica distribución y junto a ésta, el baño. En aquella casa, el uso de escaleras era opcional, porque para rabieta y envidia de los vecinos, disponía de un ascensor central perfectamente integrado. No obstante, Berenguela prefería desplazarse por aquellas preciosas escaleras de mármol veteado donde predominaban los tonos tierra y que al carecer de barandilla, se protegía con un vidrio de seguridad desde el primer escalón, al último. En la primera planta, el modesto dormitorio de Jimena, que con una terraza provista de tumbona, sillón y mesita auxiliar le había proporcionado refugio en muchas noches de vigilia. Las vistas que ofrecía correspondían a zonas compartidas con los vecinos de la Urbanización, la San Simplicia, que dicho sea de paso, un nombre tan poco afortunado, había acertado de pleno con el ambiente que allí se respiraba. Porque sí, efectivamente, muchos de sus vecinos eran un poco simples. En esa planta también se encontraba el cuarto de lavandería y junto a él, un bonito y acogedor despacho-biblioteca en el que el color azul resaltaba por encima de cualquier otro y por el que un amplio ventanal permitía disfrutar de la dulzura de los almendros. A Fabiola, le encantaba. Escaleras abajo, la planta principal. Un salón gigantesco, blanco y púrpura con mesa de vidrio para seis comensales rodeada por blancas sillas de blandos respaldos y un sofá rinconera color berenjena frente a una mesa de café rectangular. Para terminar con esa planta de cien metros cuadrados, una espléndida cocina con isla central y una pequeña despensa. Todo abierto, sin puertas ni muebles que estorbaran al paso. Por encima de todo, luz y claridad. En el sótano, la estrella de la casa, además del garaje, un gimnasio-salón con cocina americana y chimenea ante la que dormitar durante largas tardes dominicales de invierno. El gimnasio fue muy aplaudido por todas las amigas aunque la ilusión por ponerse en forma decayera pronto.

Fabiola extendió tanto como pudo su estela azulada hasta tal punto, que lo que pareciera la cola de su vestido nupcial, llegó a ocupar la escalera por completo. Canturreaba pensativa mientras sopesaba qué hacer. En el futuro había descubierto un abrazo, pero no de ocasión como otras veces, no se trataba de un abrazo pasajero, a diferencia de otros éste se repetía en muchas escenas, momentos y lugares, era un abrazo que evolucionaba y crecía con el tiempo… tímido y tembloroso al principio, largo y apasionado más tarde; furtivo y culpable, pero también tierno y amoroso. Fueron muchas las maneras en las que Fabiola sintió ese abrazo, muchos los lugares en los que se producía y olvidadas las emociones que evocaba.

Siempre los mismos brazos, siempre la misma sensación: Paz.

Sin embargo, aquella noche Fabiola decidió ocultar ese abrazo a Berenguela, y arbitrariamente concluyó que lo que *ahora* necesitaba era reír y olvidar.

VI

Otilia apareció pasada la media noche y con un simple… *no preguntes, no preguntes*… se adentró en la mente de Berenguela para apenas transcurridos unos instantes salir chisporroteando en rosa y púrpura.

– ¡Qué cerca estamos! Hoy, ni rastro de Agua Azulada… ¡tristeza controlada!; en el lago se multiplican sin parar las esferas musicales y es precioso el colorido que exhiben. Ahora emiten notas musicales diferentes y su danza es más compleja.

– ¡Fantástico! – exclamó Fabiola.

– Pero todavía es pronto, no hay que confiarse. Las mentes pueden cambiar de un día para otro. La risa es milagrosa y hoy ha tenido una buena dosis. ¡Qué bien! Por supuesto, las negras culebras del miedo van de un lado a otro buscando pensamientos para mordisquear, pero hoy también he divisado nebulosas de sueños, como el otro día. Son blancas, y más abundantes, incluso las he visto cerca de la Montaña Fántica y en La Pradera comienza a asomar el verde de La Esperanza, no hay mucho, es verdad, pero ya es visible en algunos puntos.

– ¡Qué buenas noticias! – exclamó Fabiola.

– Desde luego, pero todavía tenemos resistencias, he visto varios Triunviratos del Arpón repartidos aquí y allá, todavía quedan muchos y éstos siempre lo complican todo – dijo Otilia – pero como te digo, el panorama es precioso y estar en esa mente comienza a dar alegría. Mira como he vuelto, contenta, feliz y con ilusión.

– ¿Triunviratos? – preguntó Fabiola

– Sí, el Triunvirato del Arpón. Quizá no los conozcas por ese nombre, pero sabrás de lo que te hablo en seguida. Se trata de tres pensamientos agrupados como si formaran un ramillete que se anclan a La Pradera por un único punto, un arpón. Son La Culpa, El Miedo y La Confusión.

– ¡Ah! ¡Vaya! ¡Esos! – exclamó horrorizada.

– Sí, esos. Ya sabes que se encuentran en todas las mentes. Cuando actúan por separado son más fáciles de transformar, pero en alianza, se vuelven poderosos y muy resistentes.

– ¿Los pensamientos de Culpa, eran los grises? – preguntó interesada.

– Sí, y se desplazan en bloque como si fueran un ejército en formación, atacan ante la mínima amenaza y echan raíces muy pronto, unas raíces como si fueran diminutos arpones y que una vez se han anclado, resultan muy difíciles de erradicar.

– Los de Miedo son esas culebras negras que mordisquean y contagian su esencia, los conozco bien, pero a los de la Duda o Confusión, no tanto – Fabiola se mostraba comprometida con la mente de Berenguela.

– Será porque suelen ocultarse dentro de otros pensamientos, van y vienen dando pequeños saltitos, desplazándose con rapidez sobre dos apéndices como si fueran sus patitas – explicó Otilia preguntándose qué diablos estaría haciendo su aspirante para perderse aquella magnífica exposición sobre las resistencias – son pocos los que los han visto, pero se dice que son marrones y rugosos, como gusanos.

– ¿Y Engracia? – preguntó de repente la luz azul – ¿sigues sin tener noticias?

– Sí, no sé nada de ella. Ya han pasado cinco días. Me tiene preocupada – dijo Otilia visiblemente afectada – he pensado preguntar en Vêkigo.

– No me parece prudente – dijo Fabiola – por el apego y eso...

– Lo sé, tienes razón – Otilia se balanceaba y eso siempre significaba inquietud.

– No te preocupes, regresará – Fabiola intentaba tranquilizarla – sabes que tenemos una reunión pendiente.

– Sí, lo sé.

– La he retrasado, pero no puedo posponerla más tiempo. Si mañana no ha vuelto, debemos continuar sin ella. Los *Ayudantes* ya están actuando, el otro día las *ondas de gratitud*, hoy el *sentido del humor* y mañana si todo sale según lo previsto, las *fortunas*.

– Lo sé, no te preocupes – dijo Otilia – necesito hablar con Mansuara. La mente de Berenguela ha experimentado cambios y necesito toda la información que pueda darme. La conversación con El Custodio se acerca y no puedo enfrentarme a él o ella, sin estar preparada.

– ¿Lo has visto? – pregunto intrigada Fabiola.

– No, ni rastro. Berenguela tiene una mente musical y además es un Ser Multicolor, cualquiera sabe cómo pueden afectar estas circunstancias. Hasta el momento, ni siquiera he podido vislumbrar la sombra del Custodio y llevo más de dos años visitando esa Mente a diario.

– Extraño, pero todavía es más sorprendente la recuperación que está experimentando Berenguela. Desde luego, está siendo milagrosa – aseveró la luz azul – sea quien sea su Custodio, debe estar colaborando porque de otro modo esta mejoría sería imposible.

Y estaba en lo cierto, si el Custodio no colaboraba, no había nada que hacer. En cualquier mente, él o ella, era quien gobernaba y por tanto quien controlaba la realidad en la que el humano pasaba sus días.

Pero ni rastro de milagros, porque no es milagroso romper un ciclo de pensamientos repetitivos de autocompasión para dejar paso a la compañía, el afecto y los ratos divertidos; como tampoco lo es detenerse a disfrutar de la inmediatez de la vida sin dedicar un solo instante al pasado o al futuro. En realidad, no hay nada más humano y terrenal que tomar la decisión instante tras instante de qué hacer con tu tiempo y tus ideas.

Desde luego, en el cambio que se estaba dando en Berenguela, no se escondían milagros, que no quiere decir que no se encuentren en otros lugares y circunstancias.

VII

Mansuara llevaba mucho tiempo en La Caleta, no era propio de ella permanecer durante largos períodos en el mismo lugar, pero Berenguela se había convertido en una prioridad. Aquella mujer era imprevisible y prefería mantenerse cerca de las demás guías para aportar su granito de arena cuando éste fuera necesario. Hasta el momento, poca cosa, la verdad. Esperaba impaciente el momento de comunicarles todas las memorias y recuerdos que había conseguido descifrar en la melodía de aquella peculiar señora, por eso, cuando regresó del mar y cruzó la puerta de su casa, no pudo evitar alegrarse al ver una nebulosa azulada flotando en su salón.

– ¡Hola Fabiola! – exclamó sonriendo – Nunca creí que diría esto, pero me alegro mucho de verte.

– ¡Hola! – dijo *la igual* – muchas gracias, Mansuara. La alegría es mutua.

– Ya veo que vienes bien acompañada – el espectáculo multicolor que los *Ayudantes* estaban ofreciendo en su coqueteo con el aire, no dejaba lugar a dudas.

– Sí, han venido las cuatro y *las gentiles* deben estar a punto de llegar, se han quedado echando un último vistazo a la mente de Berenguela. Esta noche estaba inquieta, ya sabes que mañana comienza a trabajar en el Museo.

– Sí, comienza con el Museo, con Nick… con otra vida.

– Así es – confirmó Fabiola – las *fortunas* están preparadas, se encargarán de que su despertador no suene a la hora programada y tenga que salir de casa precipitadamente y sin desayunar. Tomará el tren de las ocho y cuando vaya a la cafetería, conocerá a Nick.

– ¡Perfecto! – aplaudió la vidente – y en pocos días o pocas semanas, según se vaya dando, me la mandas con Tomasa al mercadillo y ya me encargaré yo de contarle las mil maravillas del pelirrojo y de decirle cuánto la ama.

– Eso es, necesita recobrar la ilusión y sentirse viva – indicó – es preciso para que tenga una excelente relación con su Custodio y así acceda a borrarle las memorias y los recuerdos perjudiciales que oculta en la Montaña.

– Ya veremos, ya veremos – Mansuara no se mostraba tan optimista

– Y esa reticencia, ¿a qué se debe? – preguntó Fabiola. Para ella, la misión estaba casi cumplida. Berenguela mejoraba con rapidez y el futuro mostraba escenas hermosas.

– Me preocupan sus memorias. Y mucho – explicó la vidente – miles de pequeños y nefastos recuerdos que en cualquier momento, un Custodio insatisfecho puede utilizar para complicarle la vida. Y entre ellos, al menos una veintena que provocan situaciones y circunstancias desagradables que Berenguela revive continuamente. ¿¡Veinte!? – exclamó horrorizada.

– Al menos… – respondió Mansuara – y digo al menos, porque la partitura de Berenguela es muy complicada de descifrar, contiene muchos matices, en ella, cualquier cosa, incluidas las intenciones, aparecen difuminadas por su tendencia a soñar. Llevo todo este tiempo preguntando por ella al mar y hasta hoy, es lo que tengo, veinte.

Mansura era un Guía de los conocidos como *Artistas* y además, de las buenas. Podía leer la partitura de cualquier humano. No tenía más que preguntar por él o ella a las estrellas, y el mar complaciente y leal cómplice, siempre le mostraba lo solicitado: la musicalidad de cada Ser. Y es que, la intención con la que cada humano emprende una acción, emite una palabra o crea un pensamiento, se perpetúa eternamente en forma de colorida nota musical. De esta manera, poco a poco y decisión a decisión se va constituyendo una maravillosa partitura, que revela la verdad que cada Ser.

Para Mansuara, descifrar códigos y patrones ocultos en estas melodías, suponía un entretenido pasatiempo. Era capaz de aislar aquellas circunstancias, diferentes para cada individuo, que se repetían continuamente a lo largo de una vida determinando el rumbo de la misma. En Berenguela, a pesar de lucir una hermosa y bella sintonía, llevaba detectadas veinte. Por eso y a pesar de que le predominaban los agudos anaranjados con ligeros toques de verde y el capricho de algún destello azul, de tanto en tanto, su melodía desafinaba. Era hermosa, pero tenía en su interior aquellas malditas *memorias* que reproducía a la mínima oportunidad y que tenía que eliminar de sí misma si quería ser un poquito más libre… *la memoria del no-adiós, creer que no merece amor, sentirse utilizada, sufrir envidias, críticas e injusticias.* Éstas eran las principales, las evidentes, las que afloraron con rapidez en la primera consulta a las estrellas, pero en Berenguela se ocultaban muchas más, muchísimas, se le solapaban interfiriendo unas con otras de tal manera que cuando Mansuara creía tener completa la partitura, alguna nota disonante hacía su aparición y mostraba una nueva *memoria* que borrar… *asco por sí misma, rigidez en sus juicios, culpabilidad ante la felicidad, necesidad de aprobación* y así, hasta veinte… de momento.

En sus intervenciones en el mundo de cuerpos, jamás había encontrado una melodía totalmente afinada, y es que sencillamente, no era posible. Si los humanos habitaban en la materia era, precisamente, porque tenían que deshacerse para siempre de esas molestas *memorias* limitantes.

Las *gentiles*, las dos, se incorporaron a la reunión justo a tiempo. Engracia había regresado aquella misma noche. Habían transcurrido seis días desde que la reclamaran en Vêkigo y eso era mucho tiempo para una prueba de nivel. Otilia, que intuía que había estado en algún otro lugar, ahora se sentía aliviada al tenerla de vuelta. Tan sólo le dijo, en al menos dos ocasiones, eso sí, que si en algún momento quería contarle algo, estaría bien, y si nunca deseaba hacerlo, también… *¿cómo fue la prueba?*… le preguntó y a la respuesta de Engracia siguió un… *estoy muy contenta al tenerte de vuelta. He estado preocupada por ti y eso es algo que no tenía que haber ocurrido. Yo no he debido echarte de menos y tú no has debido dar lugar a que eso ocurriera.* Engracia intentó intervenir en alguna ocasión, pero Otilia no se lo permitió, su experiencia le aconsejaba que lo mejor era callar y seguir como si nada… *por mi parte, todo está bien. Si alguna vez quieres hablar conmigo, perfecto. En caso contrario, también perfecto. Y ahora tenemos que marcharnos a casa de Mansuara, nos esperan… no, a la mente de Berenguela hoy, también entro sola.*

Si a Engracia le sorprendió la calma y serenidad de Otilia, el ambiente multicolor y festivo que se respiraba en casa de Mansuara, la dejó sin habla. Aquello era una fiesta maravillosa alegrada por el ir y venir de las *Ayudantes* que acudieron a la llamada de Fabiola. Quería que estuvieran presentes en aquella reunión, ella y solo ella, había propiciado su presencia y sin duda, suponían una gran ayuda. Se sentía muy orgullosa.

– ¿Quiénes son? – preguntó Engracia que tan sólo reconoció el rosa palo de la gratitud.

– ¿¡No lo sabes!? – exclamó la luz azul muy sorprendida – las *Ayudantes* – le dijo. Y ante la cara de sorpresa de la *gentil*, siguió con su explicación encantada por la oportunidad que se le daba para demostrar cuánto sabía del mundo invisible – hay muchas, pero a mi llamada – dijo remarcando la palabra *mi* – nos han enviado a estas cuatro.

– ¡Ah!

– Ven, te las voy presentando – y dirigiendo su estela hacia ellas le dijo – acércate.

Y le mostró a las *fortunas… mañana comienzan, son las responsables de las coincidencias y tienen diferentes colores según el efecto que ocasionan, las que despiertan sonrisas son naranjas, las responsables del amor, amarillas y las que evitan peligros, verdes… las de mañana son naranjas y amarillas. Maravillosas.*

Continuó con los *olvidos… ¿ves esas estrellas blancas?… son los olvidos… eso es, chispas que pueden saltar desde la cabeza al corazón a una velocidad tan elevada que no parece que se estén moviendo… otras veces, parpadean en el corazón… pues hacen una cosa u otra en función de si se perdona a otra persona o el perdón se dirige hacia uno mismo… en ocasiones, el humano puede sentirlos, percibe calor en el corazón y un ligero frescor en la cabeza, que no es otra cosa que el alivio que se produce al liberarse del deseo de venganza y del empeño por mantener vivo el rencor.*

Siguió el *sentido del humor… ¿qué me dices de estos?… sí, los pajarillos verdes que no paran de revolotear… adoptan diferentes formas y tienen diversos tipos de vuelo en función de su humor… son muy poderosos… no, ellos no pueden transformar pensamientos como tú, pero transmutan mágicamente cualquier situación al conseguir que el humano la interprete a través de un filtro carente de miedo y si actúan el tiempo suficiente, pronto aparece La Alegría… burbujas rojas, transparentes y gigantescas que brillan muchísimo y nada más aparecer, se esfuman.*

Y terminó con sus preferidas, las *ondas de gratitud… a estas ya las conoces, a mi me encantan, son la respuesta directa del Universo a la gratitud del humano… sí, ya ves rosa palo… pues lo recorre como si una ola lo atravesara de pies a cabeza… varias veces, sí… y después se queda rodeándolo formando una especie de escudo a su alrededor… por un lado lo protege de lo malo y por otro, le permite atraer todo lo positivo como si fuera un imán… las personas agradecidas se sienten protegidas y afrontan su futuro con ilusión y esperanza. Son fantásticas.*

Otilia, que estuvo escuchando toda la exposición muy atenta, decidió tomar el relevo y aprovechar esta oportunidad para explicar a su aspirante en qué consistía un Ser Multicolor, y ni corta ni perezosa comenzó a hablar…

– Hay personas increíbles que exhiben una verbena multicolor de energía a su alrededor, son personas que sin saber por qué otros buscan, son aquellas con las que les encanta charlar, en las que se piensa en momentos de dificultad, con las que comparten paseos y secretos; personas que consiguen despertar una sonrisa sea cual sea el pesar, personas sólidas, cálidas, personas a las que no les importa hablar de amor o regalar abrazos, personas que ceden ante conocidos y desconocidos porque no les importa tener siempre la razón, personas que expresan gratitud a cada momento. Así son los Seres Multicolor, mi querida Engracia. Ellos han descubierto la magia de la vida y saben que a través de sus limitados sentidos sólo pueden percibir una realidad también limitada, aunque hay mucho más. Ellos creen en lo que no ven, creen en lo que no oyen, creen en lo que no pueden tocar, ni oler. Ellos, tienen fe en lo invisible. Creen en nosotros. Son personas que siguen sus corazonadas sin cuestionarse lo conveniente o no de las mismas, son personas que caminan rodeadas de espirales luminosas en tonos naranjas, verdes y amarillos, que hacen multiplicarse las coincidencias en sus vidas evitando peligros y encontrando el amor, son personas recorridas por inmensas olas rosadas porque la gratitud forma parte de cada célula de su cuerpo, son personas en las que un punto luminoso y estrellado rebota desde su cabeza hasta el corazón para parpadear después durante varias ocasiones al cabo del día porque conocen y utilizan el poder del perdón, son personas rodeadas de filamentos verdosos y sonrisa perenne. Son personas alrededor de las que con frecuencia, burbujas de enormes dimensiones aparecen y tras mostrar un rojo brillante y precioso, se esfuman.

SECRETOS

I

Berenguela había superado su primera jornada laboral con nota sobresaliente. Regresó pronto, en el tren de la una y encontró sobre la mesa de la cocina una cariñosa nota de Jimena que decía: "Preciosa, espero que hayas tenido una mañana maravillosa, no me esperes para comer ni para cenar, he quedado con un grupo de voluntarios y tenemos para rato. Hay ensalada de arroz en la nevera. Esta noche me cuentas. Un beso".

¡Vaya! pensó mientras se dirigía a la nevera en busca de algo con lo que satisfacer la hambruna. Los acontecimientos de aquella mañana no dejaban de girar en su cabeza y su energía se encontraba al límite. Necesitaba, por este orden y sólo por éste, comer, darse una ducha y dormir.

Y así lo hizo. Sin darse cuenta se le pasó la tarde y a la espera de su segundo día de trabajo, decidió irse pronto a la cama sin noticias de Jimena y con la sonrisa de Rafael contemplándola.

El Museo de Chocolate era un maravilloso y dulce reclamo para los turistas que visitaban Llovizna. Aquella ciudad en realidad se llamaba Santo mes de Abril que atrae Abundancia con su Llovizna, pero como pronunciar aquel nombre completo habría consumido la mayor parte del tiempo destinado a cualquier conversación, se impuso Llovizna frente a Santo, Abril o Abundancia.

Pues Llovizna, era un pequeño y típico pueblo de pescadores, con puerto, barcas, redes, y como no, subasta de mariscos y pescados. Su lugar estrella, el Museo de Chocolate o la Casa de D. Odón, que según rezaba el tríptico informativo, fue fundado por ese tal Odón hacía dos centurias. Sus descendientes, los odonitas, continuaban dedicándose en la actualidad al arte de los dulces con suerte desigual. La tercera generación fue la responsable de dilapidar la fortuna que desde la ilusión y el esfuerzo lograra amasar el fundador.

Entre unas cosas y otras, habían pasado más de veinte años y finalmente, hoy en día, reabría sus puertas aquel bonito y sencillo Museo de Chocolate.

Berenguela dejó la luz del pasillo encendida, no le gustaba estar sola en aquella casa tan grande, y se dispuso a compartir con su esposo las novedades que le había traído el día. Fabiola, en su espera, ensayaba trajes y peinados disparatados, se desplazaba de arriba abajo para desesperación de las *gentiles… ¡quieta!... ¡para ya!... ¿se puede saber qué te pasa hoy?, ¿y esos nervios? Nada, nada…* y seguía su frenética búsqueda del peinado ideal para un vestido imposible. De repente se detenía en seco y para asombro de Otilia y Engracia explotaba en millones de partículas y se recomponía en un círculo perfecto para volver a empezar.

– ¿Qué le pasa? – preguntó Engracia.

– No tengo la menor idea – respondió sin dejar de mirarla – no la había visto nunca tan alborotada. ¡Sígueme!

Y la aspirante sin preguntar la siguió hasta el despacho azul.

– Aquí estaremos más tranquilas – dijo – ¿qué es eso que querías preguntarme?

– Pues… – Engracia vacilaba.

– Dime, no temas la respuesta. Nunca temas ninguna respuesta. Sólo se trata de información.

– Me gustaría profundizar más en los diferentes tipos de pensamientos, como por ejemplo en el Triunvirato del Arpón, o en Lo Profundo – dijo la aspirante mientras se le enredaba la estela con los libros de la segunda estantería – y…

– ¡Ah! ¡Se trata de eso! – exclamó Otilia visiblemente aliviada – pues…

– … y de cómo puede una *gentil* comunicarse directamente con un humano – dijo rápidamente mientras Palmira, que desde hacía días lo llenaba todo, seguía presente en cada uno de sus ahoras.

– De lo que acabas de preguntar, ¡ni hablar! – exclamó serenamente Otilia – de todo lo demás, te voy a poner al día de inmediato.

– ¿Por? – insistió Engracia.

– Te dije que si me querías contar donde habías estado lo hicieras y si no querías contármelo, que no lo hicieras – apuntó ignorando la pregunta de la *gentil*.

– Sí, dos veces – respondió la aspirante – o tres, no lo recuerdo bien.

– Pues no voy a repetirlo más – su voz era grave y calculaba cada palabra – si en algún momento considero que tu comportamiento es inadecuado, por tus retrasos, tus ausencias o tus preguntas fuera de lugar, seré yo misma quien te envíe de vuelta a Vêkigo con una sola consideración: no apta.

– Entiendo – dijo intentando ocultarse tras el butacón rayado de la estancia ya que no podía desaparecer sin más.

Mientras Engracia recibía una reprimenda y Fabiola se hacía y deshacía luciendo mil atuendos, Berenguela le relataba su día a Rafael… *no ha sonado el despertador, si llego tarde el primer día, ¡me muero!, al final he subido en el tren de las ocho y he desayunado allí… Jesús ha sido muy amable conmigo, el trabajo es sencillo y muy ameno. Me ha facilitado un dosier con toda la información del Museo y con el tiempo y la experiencia iré incorpo-*

rando más contenido. Es muy bonito, y esa fragancia a chocolate caliente que lo impregna todo, ¡me encanta! Les hablo del origen del chocolate, cómo se fabricaba artesanalmente, tienen herramientas y utensilios de la época y una sección, la última, donde los clientes pueden adquirir diversos productos de elaboración propia. Me han dicho que en Navidad regalan bombones a los empleados… a ver si llego… cuatro meses sería un record. Estoy muy contenta, Jimena me trata muy bien, volver a ver a las chicas ha sido increíble, quieren organizar una barbacoa antes de que termine el verano… pero te echo tanto de menos… daría lo que fuera por poder compartir contigo estos momentos. Te quiero.

Besó a Rafael a través de aquel cristal y se dispuso a dormir.

Las *gentiles* seguían en el despacho y Fabiola, que estuvo escuchando el relato de Berenguela con atención, puedo constatar que en él, Nick no aparecía. Ocultó a Rafael el encuentro con el muchacho. No le habló de la impresión que ese joven pelirrojo le había producido. El relato completo debía incluir que llegó adormilada, nerviosa y con prisas a la cafetería de aquel destartalado tren de cercanías. El ambiente del lugar era, contra todo lo esperable, acogedor. No importaba el ruido del traqueteo, ni la pestilencia del carburante ni el vaivén del vagón, daba gusto sentarse en un taburete marrón y dejarse acariciar por los rayos de sol que penetraban a través de un enorme ventanal. Invisibles destellos multicolor, predominando los amarillos y anaranjados, revoloteaban por todas partes enredándose en el cabello de los pasajeros y también entre sus piernas con el único propósito de proporcionar frescura y alegría a la mañana. El paisaje era hermoso y el trayecto breve. Aquel paseo supondría una bonita manera de comenzar sus días y en eso estaba la mente de Berenguela cuando oyó una voz masculina… *¿Qué desea?*

– Café con leche – dijo sin mirarlo.

– ¿Y tostada? – preguntó haciendo gala de un acento extranjero que convertía su voz en pura sensualidad.

– No, tostada no – y lo miró. Dos segundos le bastaron para sonrojarse al contemplar aquellos ojitos azules, redondos y ribeteados por pestañas rojizas – ¿puedes ofrecerme algo más? – preguntó sonriendo y descubriendo que aquel joven se llamaba Nick, gracias a la indiscreción de la chapa que prendía de su uniforme.

– Sí, por supuesto – afirmó coqueto y derrochando encanto – tenemos unas galletas deliciosas. De chocolate, fresa, naranja y limón – se aproximó más a Berenguela y continuó – yo elegiría las de limón. Son mis preferidas – y con un espontáneo guiño finalizó su recomendación.

– Pues de limón – dijo Berenguela desoyendo las palabras que cada noche le susurraba Fabiola. Si ese chico de pelo rizado y tez blancucha con enormes manchas marrones decía que de limón, pues de limón. Ya disfrutaría del chocolate en otra ocasión.

Aquel joven, que no debía llevar mucho tiempo en la veintena había conseguido hacerla sonreír y sin pretenderlo, anclarla a ese instante. Su conversación banal le resultó altamente gratificante, tanto que cuando se apeó del tren, Berenguela caminaba rodeada por su escudo multicolor sintiéndose mucho más ligera.

Y si esa noche, deliberadamente o no, había ocultado a Rafael la sonrisa de Nick, siguió manteniendo en secreto la existencia de aquel chico mientras su despertador le daba los buenos días a las siete en punto y ella abría los ojos con la ilusión de escuchar de nuevo su dulce acento mientras incorporaba la rutina de desayunar en el tren de las ocho y acompañar con una galleta de limón a su café con leche.

Nick llegó sin ser esperado y Berenguela, desprevenida como pocas veces había estado, no lograba entender la ilusión de ese momento de cada mañana. Una incipiente y refrescante ilusión que se expandía con fuerza y resolución a lo largo de todo el día. En el mundo invisible, todos celebraron el encuentro. El muchacho pelirrojo supondría para ella un maravilloso despertar en el que la alegría por la vida y las ganas de tomar las riendas de su existencia serían cuestiones prioritarias.

Fabiola, en cambio, tenía sentimientos encontrados, le encantaba ver sonreír a Berenguela y las *gentiles* se encontraban más que satisfechas con los nuevos acontecimientos, pero a ella, algo le inquietaba. Una noche, en la que sus indicaciones eran de extrema importancia, pronunció un grave susurro que repitió hasta en tres ocasiones... *barbacoa, amigas, abrazo*. Incompleto consejo que debía concluir con un... *beso*, que la *igual*, nunca pronunció. Se trataba de un inesperado y necesario susurro con el que Berenguela podría, por fin, seguir el camino que para ella se había trazado. Pero Fabiola no deseaba verla transitar por él y decidió silenciar ese... *beso*.

Nunca besaba a los hombres con los que se encontraba. Se dejaba manosear y achuchar en esa infructuosa búsqueda hacia el abrazo perfecto, pero en la entrega en la que se ofrecía a cualquiera, siempre reservaba una parte de sí misma. Guardaba su beso y también su corazón, a la espera de alguien que lo mereciera. Para sus amantes, esta reserva no suponía ningún problema, es más, en muchas ocasiones lo consideraban parte de un juego morboso y aceptaban complacidos esas negativas con las que solo conseguía exacerbar su deseo.

Por eso Fabiola, que desde hacía años no experimentaba un beso cuando exploraba el futuro de Berenguela, se quedó estupefacta al descubrir que la viuda recibía uno y que éste era especial. A partir de ese momento, todo era Nick... *futuribles* repletos de momentos con ese chico recién llegado, *escenas* hermosas en las que se multiplicaban las sonrisas y las caricias, *oportunidades* en las que compartían su tiempo y sus sueños. Buscara donde buscara, a partir de ese beso en el futuro de Berenguela, todo era Nick.

Dos días antes, Otilia había descubierto una silueta en la Mente de Berenguela, un pequeño Ser que se refrescaba los pies en el Agua Azulada y que tan pronto como se sintió observado, corrió despavorido hacia la seguridad de la Montaña. Se trataba del Custodio, que mientras chapoteaba jugando con la tristeza de Berenguela, canturreaba una ininteligible canción.

II

— Hola, soy Amanda, ¿con quién hablo? — preguntó al otro lado del teléfono una voz muy dulce que arrastraba las palabras con lentitud.

— Con Marcela — mintió Tomasa como de costumbre. Cuando consultaba el tarot a través del teléfono, reforzaba su anonimato inventando un nombre nuevo.

— Buenas noches, Marcela. ¿De dónde llamas?

— De Llovizna, tengo 30 años y soy Piscis — experta en estas lides, se adelantaba a las preguntas con la intención de acortar los tiempos. De todos modos qué importaba, si no tenía la intención de decir una sola verdad y además no creía ni una palabra de lo que tenían que contarle.

— Muy bien, estupendo. ¿Y en qué puedo ayudarte, Marcela?, ¿qué te preocupa? ¿qué quieres saber? — Amanda, sin duda, era una experta en prolongar conversaciones. Repetir lo mismo de mil maneras, no dejar hablar al consultante o provocar largos e incómodos silencios, eran técnicas de pérdida de tiempo que Tomasa conocía a la perfección.

— Es sobre una persona… — comenzó titubeante. Siempre vacilaba al principio, era la indecisión de la vergüenza. Llevaba realizadas muchas consultas de ese tipo y no podía evitar el pudor que le producía hacerlo. Pero lo necesitaba. No creía en Dios, ni en curas ni confesiones. No creía en profesionales, terapias ni psicólogos. No podía desnudarse ante sus amigas. Sólo le quedaban esas llamadas en las que poder desahogarse y hablar de su *tema* con libertad y sin el miedo a ser juzgada.

– ¿Cómo se llama? ¿Qué años tiene? ¿Cuál es su signo? ¿Dónde vive? – sin duda la pitonisa era toda una profesional.

– Leo, 30 como yo y también vive en Llovizna – de nuevo, ni una verdad. Tomasa nunca llamaba al mismo teléfono, no quería familiaridad ni ser reconocida.

– Muy bien, muy bien. Ahora barajo las cartas y cuando quieras me indicas que pare – Amanda parecía cansada.

– ¡Para! – indicó Tomasa – el montón de la izquierda.

– Muy bien, muy bien. Recuerda no tener cruzados ni las piernas ni los brazos – indicó la tarotista reprimiendo un bostezo – ¿qué montón has dicho?, ¿el de la derecha?, ¿el de la izquierda? , o ¿el de centro?

– La izquierda, la izquierda.

– Estupendo… a ver, a ver… ¿le preguntamos sobre sus sentimientos hacia ti?, ¿sobre qué os espera juntos? – preguntó.

– Sí, bien – Tomasa era escueta y directa. Los preliminares le aburrían, esperaba el momento de poder hablar y explayarse.

– Pues, sus sentimientos hacia ti son sinceros y hermosos, pero te ve más como una amiga que otra cosa – y continuó – ¿os conocéis desde hace mucho tiempo?

– Desde la infancia.

– ¡Ah! Un amor platónico, ¡qué bonito! y ¡qué duro! – exclamó – yo tuve uno, lo pasé mal, pero cuando maduras y te haces mayor recuerdas esas emociones con ternura, no…

– ¿Y sabe lo que estoy sintiendo?– interrumpió impaciente.

– A ver, a ver… yo diría que sí – y fue contundente en su respuesta.

– ¿Sí, tú crees? – preguntó incrédula.

– A ver, a ver… sí. Me sale un sí rotundo. ¿Tú crees que no?

– No sé – contestó pensativa.

– Pero ya te digo que aunque no te vea como pareja, sus sentimientos hacia ti son hermosos. No, pareja no. De ninguna manera. Hay una barrera entre vosotras inmensa. O está casada o algo. ¿Qué me dices? – Amanda había cogido carrerilla y estaba totalmente concentrada en su predicción.

– Sí, está casada – confirmó atónita. Era la primera vez que una vidente se refería a su amor como *ella* sin que lo hubiera confesado antes. – Y llevas razón, somos amigas, sólo amigas.

Y colgó.

Aquella llamada la entristeció. De las tres cosas que la vidente le había revelado, dos eran ciertas: que la veía como una amiga y que su amor secreto era una mujer, Tomasa se preguntaba si también tendría razón al decir que sus sentimientos no eran tan secretos como ella pensaba. E irremediablemente sus recuerdos la arrastraron hasta aquella noche.

Tenían veintidós años y habían decidido disfrutar de un largo fin de semana de amigas en la montaña. La única casa rural que se adaptaba a su presupuesto era una gigantesca casona adosada a un cementerio. Se trataba de un albergue preparado para acoger grupos y su tamaño descomunal se repetía en los baños, dormitorios, ollas, sartenes, cacerolas… tenía un porche muy bonito que daba paso a una gran llanura por la que vacas, conejos, pavos y ocas iban y venían a sus anchas. Pronto se dieron cuenta de la conveniencia de dejar cerrada la puerta de la calle y es que Palmira casi se muere cuando se topó con una oca en la ducha. La cocina tenía una mesa para veinticinco comensales y una chimenea que se rebelaba continuamente. En la segunda planta se encontraban las habitaciones, cuatro con literas y una más sin muebles. En ésta colocaron las chicas sus sacos de dormir con la ilusión de pasar la noche todas juntas. Se les olvidó cenar. En cambio, bebieron, cantaron a gritos y bailaron sobre la mesa como locas. Recordaron anécdotas de otras fiestas y hablaron de chicos todo el rato. Cuando las fuerzas se agotaron, a punto de amanecer, Tomasa, Lucrecia y Berenguela decidieron cobijarse en sus sacos y descansar. Palmira y Jimena se habían enzarzado en una discusión de madrugada, eterna y completamente espiral que no las conducía a ninguna parte. No se escuchaban y se limitaban a repetir los mismos argumentos una y otra vez sin preocuparse ni interesarse por lo que la otra tuviera que decir. Tomasa y Lucrecia dormían una junto a la otra, el sueño venció primero a Lucrecia y su amiga aprovechó la circunstancia para contemplarla con detenimiento. Era preciosa. El alcohol, el sueño… Dios sabe qué, hizo que le acariciara la cara con ternura al tiempo que le susurraba palabras que Palmira, de pie en la puerta y testigo accidental de aquella escena, no pudo entender. Debió ser la respiración acelerada o el vuelco que le dio el corazón, pero algo llamó la atención de Tomasa que al dirigir su mirada hacia la puerta, se dio de bruces con la estupefacción de su amiga. Unos segundos de silencio que parecieron eternos. Palmira tomó las escaleras y se perdió en aquel enorme salón. Jimena se había quedado dormida sobre la mesa y ella, tras apurar el vino que quedaba en una botella, también lo hizo.

A partir de aquella noche algo cambió. Desde aquel fatídico fin de semana en la montaña, ni un café a solas con Lucrecia, ni una confidencia, ni una llamada mostrando interés, ni un feliz cumpleaños, nada. Su amistad se esfumó de la noche a la mañana dejando una estela de falsa camaradería y una insalvable distancia. ¿Tendría razón la vidente?

III

Palmira llevaba más de dos años viviendo sola y aunque al principio le resultara dolorosa la soledad, ahora estaba encantada. Su madre murió de un infarto, una muerte imprevista y temprana de la que su padre se había recuperado estupendamente. Actualmente se consolaba en los brazos de una señora que a Palmira no le hacía ninguna gracia, llegaron incluso a intentar una convivencia a tres, pero era caótica y desagradable. Por fortuna, el progenitor decidió hacer maletas y abandonar la casa en favor de su hija.

Era una mujer muy fuerte, una profesora de infantil que desde hacía cuatro años no había podido afrontar el reto que suponía un aula llena de niños rebosantes de energía. El comienzo de su calvario, una autoexploración rutinaria que le permitió detectar a tiempo un maldito cáncer. No era más que un pequeño nódulo que había sido descubierto a tiempo y ya no podría emigrar a colonizar otras regiones de su cuerpo. Con una extirpación conservadora, unas cuantas sesiones de radioterapia y la enhorabuena por parte de todo el mundo, se saldó el asunto.

¡Por el amor de Dios! ¡Tenía cáncer! Y todo el mundo le hablaba de suerte y gratitud ¡Increíble! Estaba condenada a vivir con la sombra de la muerte, pendiente del calendario, de los controles y las pruebas médicas y como no, con la angustia de los resultados.

Palmira fue muy discreta durante todo el proceso. Lo compartió con sus amigas, algún familiar y poco más. A pesar de ser una experiencia muy dura, pudo con ella. Al cabo de dos años, cuando se creía física y emocionalmente recuperada para retomar su vida, su madre falleció inesperadamente. Aquello fue demasiado. Desde entonces arrastraba una tristeza que se manifestaba sobre todo en el abandono de sí misma. Tanto celo y control le parecía absurdo… *cuando te tienes que ir, te vas…* decía, odiaba los reproches y las reprimendas de los demás ante su dejadez, por lo que resolvió fingir que acudía diligente a cada control y seguía escrupulosamente las prescripciones de los médicos con el único propósito de que la dejaran en paz.

Engracia no podía acceder a su mente, pero tampoco podía abandonarla a su suerte. Cada vez que la vigilancia de Otilia se lo permitía, acudía junto a Palmira y suspendida en rosa la contemplaba. Deseaba poder comunicarse con ella aunque no sabía qué podría decir para ayudarla, ni siquiera sabía si podía hacerlo. Con el fin de obtener información comenzó a entrometerse en cualquier mente que le permitiera el acceso, le encantaban los vagones del tren por la mañana, bien tempranito con todos aquellos pasajeros dormitando en sus asientos, y las terrazas de la urbanización donde vivía Berenguela, con sus vecinos adormilados y ociosos; la playa, con tantas mentes ausentes, también era un lugar maravilloso. Y Engracia entraba, observaba, preguntaba aquí y allá y volvía a salir. De su comunicación con los pensamientos no aprendió demasiado, pero pudo constatar lo que tantas veces le repetía Otilia… *las mentes de los humanos son maravillosas, todas. Poderosas y eternas… no, ellos no lo saben todavía, pero el día que despierten y se den cuenta, todo cambiará.*

Una tarde, Palmira comenzó a llorar con desesperación. Llevaba el recuerdo de su madre a todas partes, y la certeza del nunca más le quemaba con rabia… *te amo, nunca creí que fuera tan doloroso… es desesperante, mamá… desesperante pensar que nunca más… daría lo que fuera por tener aquí, conmigo…* Engracia la escuchaba con impotencia y rabia.

Deseaba abrazarla y consolarla. Hubiera dado cualquier cosa por convertirse en materia durante un instante para poder cobijar a aquella mujer en sus brazos y mecerla.

La *gentil* no era la única que escuchaba, el Universo también lo hacía. Siempre lo hace. Escucha y responde sin hacer distinciones. Y en aquel dormitorio, aquella tarde, Engracia se abalanzó con fuerza sobre Palmira con la absurda intención de consolarla en su abrazo, y fue tal la velocidad y el amor de aquella acción, que a su paso la cortina de lino se alzó como si una fuerte brisa la hubiera empujado. Esa fue la primera vez que se comunicaron. Al ascenso de la cortina siguió un... *¿mamá?* y la respuesta fue un nuevo movimiento de cortina motivado por la estela de Engracia que Palmira interpretó como un *sí.* Y al cabo de unos días, consiguieron consensuar *el no,* en el agudo tintineo de unas campanillas que pendían del techo de aquel dormitorio. *El no sé* resultó más complicado y se hizo de rogar, pero a las pocas semanas, un contundente portazo comenzó a representarlo.

– ¿Eres tú, mamá?

– (Sí) Cortina de lino elevándose – y aunque Engracia no lo sabía, decía la verdad.

– ¿Estás bien?

– (Sí) De nuevo el ascenso de la cortina.

– ¿Crees que debo hacerme las pruebas y retomar los controles y la esclavitud de los resultados?

– (Sí) Tercer ascenso.

– ¿Soy un hombre?

– (No) Campanillas sonando. – Esta era la pregunta control que realizaba de vez en cuando, sobre todo cuando la cortina ascendía consecutivamente.

– ¿Papá está bien?

– (No sé) Portazo.

– ¿Crees que tengo que reconciliarme con su nuevo ligue?

– (No sé) Portazo.

– ¿Voy a la barbacoa que están organizando?

– (Sí, sí, sí,) Cortina elevándose tres veces seguidas.

Engracia estaba encantada con aquella situación. No podía acceder a su mente y sus pensamientos, pero podía ayudarla con su consejo y alegrarla con su compañía. Palmira le preguntaba sobre qué decisiones tomar y ella, desde su privilegiada posición podía guiarla. Confiaba en ella porque estaba convencida de que hablaba con su madre, como así era. Desde luego la Unificación estaba revolviendo todo lo que hasta el momento presumía de seguir un orden perfecto.

No diría ni una palabra a Otilia, eso lo tenía muy claro. Y si en Vêkigo decidían devolverla a la carne, mala suerte. Pero Palmira la necesitaba y ella no le fallaría. Estaría a su lado como tantas veces lo había estado cuando era un ser de carne, cuando era su madre, aunque ahora no lo pudiera recordar.

Los recuerdos de Engracia vestían de rosa, ni rastro de su paso por la materia. Pero unos meses antes de sufrir aquel mortal infarto, le había dicho a su hija… *"Preciosa, te amo. Sabes que no soy muy cariñosa y me cuesta el beso y el abrazo, pero ten por seguro que estaré a tu lado…"* Y como si de una escalofriante premonición se tratase continuó… *"mientras yo viva puedes contar conmigo, y después… también"*. Y un sincero y largo abrazo selló esa promesa. Y las promesas que se formulan desde el corazón, siempre se cumplen. No pueden caer en el olvido porque el Universo es su cómplice. Engracia no tenía por qué preocuparse, su relación con Palmira gozaba de la bendición de Vêkigo y todo conspiraba para que ella, pudiera cumplir su palabra.

IV

Habían pasado veinte años desde que se presentara en Los Frutos un ambicioso proyecto urbanístico con la playa de la Condesa como protagonista. Veinticuatro adosados que contarían con pista de tenis, piscina, jardines y un club social con acceso directo a esa playa, serían la envidia de la comarca.

Sobre el papel, todo era perfecto, pero una complicada trama de intereses personales derivó en la segregación del complejo en dos, la Urbanización San Simplicia y el Residencial Los Girasoles. Transcurridos quince años, nadie podría creer que ambos lugares tuvieran un origen común, y es que la mezquindad de unos frente a la generosidad de los otros, quedaba reflejada en el ambiente. La separación se hizo rápidamente, casi de la noche a la mañana levantaron una verja metálica que poco tiempo después disimularon con vegetación. A consecuencia de esta división se vieron obligados a duplicar las piscinas, las pistas de tenis y el club social; a reducir considerablemente las zonas verdes y a disputar el uso y disfrute de la puerta que comunicaba con la playa porque la casualidad o las malas intenciones, quisieron que cayera en el lado de los Simples y éstos, que desconocían el término generosidad, emplearon mucho tiempo en poner trabas y perder la educación en juntas de vecinos, para más tarde y bajo presión institucional acceder a comunicarse con Los Girasoles a través de una pequeña puertecita.

Contemplar la Urbanización San Simplicia daba mucha pena. Era la pura demostración de los devastadores efectos del abandono. Toldos rotos y sucios, vallas descoloridas, ventanas astilladas, zonas verdes sin césped con excrementos de mascotas por todas partes, la pista de tenis agrietada con una red mil veces mal remendada, pestilencia debida al humo de las chimeneas, papeleras sucias y sujetas por alambres retorcidos a unos pobres árboles que esperaban pacientes la llegada de tiempos mejores. Su piscina, sin sombras en las que refugiarse, fue una de las cosas que más llamó la atención de Jimena. Las madres cuidaban de sus hijos sentadas sobre una loseta y a pleno sol, bebían cerveza, fumaban compulsivamente y devoraban la vida de otros a golpe de difamación. Por la noche, todo se sumía en una espesa penumbra y el jardín se transformaba en un lugar tétrico y horroroso.

Los Girasoles eran todo lo contrario. Jimena había insistido en comprar allí la casa, pero al parecer no lo suficiente. Su ex no le hizo ni caso y decidió anteponer lo que consideraba una oferta maravillosa al pálpito de su señora. No tardó en arrepentirse.

El recibimiento de los vecinos fue horroroso, y es que mezquinos y ruines como eran, desconfiaban de lo novedoso. Capitaneados por el yayo Lisardo y alentados por la envidia y la cobardía formaron una extraña alianza con el fin de mortificar a los recién llegados. En vista de los acontecimientos, Jimena decidió no prestarles atención, los hizo desaparecer de su vida. Cuando el destino cruzaba algún vecino de aquellos en su camino, fijaba la vista en el horizonte y seguía hacia delante sin mirarlos. No les regalaba miradas ni saludos. No se los merecían.

Su ex, en cambio, nunca les perdonó aquel recibimiento y decidió plantarles cara para ganarse su respeto. Y fue a golpe de demandas como consiguió detener el linchamiento vecinal que el yayo Lisardo había planeado.

Jimena, a pesar de las ofensas recibidas, se empeñaba en creer en la bondad de la gente y disculpaba toda aquella mala fe porque la consideraba una consecuencia directa de la carencia de afecto… *cariño, no ves que están amargados y no ven más allá de sus narices… lo que les falta es cariño y tener ilusión en la vida… tú y yo a lo nuestro. La vida se encargará, siempre lo hace… ya verás como el día menos pensado se dan cuenta de la injusticia que están cometiendo…* a lo que su ex respondía muy serio… *ya verás como el día menos pensado le parto la cara a alguien.*

El paso del tiempo no dio la razón a Jimena. Seguía apareciendo su nombre en el orden del día de cada reunión de comunidad, el motivo daba igual, salía su nombre a relucir y todos volcaban su odio sobre ellos, muchos con mentiras… que si hacen ruido, que si los azulejos de la fachada, que si las cámaras de vigilancia, que si la alarma, que si, que si… en realidad nada que no llevaran haciendo, teniendo o poniendo los demás desde hacía años. Sin embargo, curiosamente nadie objetaba el candado que el presidente había puesto en la piscina y por el que se veían obligados a saltar una pequeña verja para poder acceder a ella, tampoco había quejas del horario de piscina impuesto por el yayo, que todos los días hacía siesta y no quería ruidos antes de las seis, tampoco se hablaba de los excrementos de mascotas que había esparcidos por todo el jardín, ni del humo y los desagradables olores que expelían las chimeneas, y por supuesto, nadie hablaba de las cuentas, de las oscuras y opacas cuentas que el señor presidente llevaba, que ni si quiera cumplía con su obligación de pago de su cuota mensual porque el muy caradura decía, sin más, que tenía derecho a no hacerlo. Era un lugar muy extraño para vivir, poco aconsejable por culpa de sus vecinos, incluso desagradable, sin embargo, su acceso directo a la playa y el silencio que se respiraba lo convertía en algunos momentos en un lugar encantador.

Todo viene y todo va… cualquier situación es pasajera, seguro que las cosas mejoran… se repetía Jimena cuando la situación se hacía insostenible. Pero el tiempo no las suavizó. Cuando su ex se marchó, el indecente yayo se cebó con ella, la culpó del abandono sufrido y extendió un desagradable rumor más allá de las fronteras de la urbanización… *cómo no la va a dejar el pobre, si ésta no le ha podido dar ni un hijo…* Jimena tuvo la desgracia de escuchar el comentario y tras secarse las lágrimas, ni corta ni perezosa contó a su ex lo que el impresentable de Lisardo iba diciendo, y ese fue el día menos pensado y el yayo recibió el bofetón que tantas veces había merecido y por una u otra razón se postergaba.

A Berenguela le tenía dicho que fuera educada y cortés, pero que no le diera conversación a nadie. No era buena gente. *Traicioneros y falsos… supongo que no serán todos así, pero vivo unos cuantos años aquí y todavía no sé de quién puedo fiarme.*

En unas semanas celebrarían una barbacoa para despedir el verano, disfrutarían de un bonito sábado de septiembre, con chuletones, longanizas, capuzones y un buen tinto. Y tras la comilona, el plan contemplaba terminar la tarde en el chiringuito de la playa disfrutando de cerveza fría y sardinas a la plancha. Jimena esperaba que el yayo se quedara en su casa y no arrastrara, y nunca mejor dicho, su pasos por allí. Verlo caminar daba pena, encorvado y con un estúpido balanceo de brazos, se le cruzaban los pies de tal modo que hacía temer que fuera a tropezarse consigo mismo… *no te pises, no te pises…* le repetían a sus espaldas algunos vecinos con los que más tarde compartía conversación y aperitivo. Pero si además coincidía con esos días en los que no se afeitaba y el viento revolvía su cabello, parecía que se había escapado de alguna institución mental. Y es que aquel señor, bien de la cabeza, no estaba.

V

– ¿Y dices que esto es normal? – preguntó Engracia refiriéndose al caos y desorden que reinaba en la mente de Berenguela en los últimos días.

– Sí, totalmente. Y además se da con cierta frecuencia – respondió Otilia – créeme, no hay motivos para preocuparse.

– ¡Ah! – exclamó con sorpresa e incredulidad – ¿y las llamas?

– Rabia. Llamaradas de rabia, nada más – explicó – si alcanzara el Agua Azulada, podrías contemplar un lago de lava, es precioso. Pero cuando todo termine, verás, ¡te encantará! – concluyó muy segura de lo que decía.

Aquella noche, en la mente de Berenguela se estaba disputando una batalla feroz, los pensamientos competían por ocupar un lugar en La Pradera y conseguir protagonismo en la vida de la viuda, que para su desgracia, tenía al maldito Triunvirato ganando posiciones. Engracia, en las múltiples incursiones pirata que había realizado hasta el momento, no había visto nada igual. Otilia con su característica paciencia de docente, le explicó todo el proceso en repetidas ocasiones. Así supo que cuando en una mente los pensamientos optan por el conflicto y el caos, la vida se desordena para más tarde, cuando cada uno ocupa su lugar, recuperar una armonía perfecta. Es lo que llaman *crisis*.

Y por primera vez, también le habló de los sentimientos.

– Nosotras vemos, hablamos y transformamos pensamientos, pero no olvides que cada pensamiento se encuentra muy estrechamente relacionado con multitud de sentimientos.

– ¡Todo se complica! – exclamó Engracia impaciente por volver a entrar en la mente de Berenguela. Con el caos que tenía en su interior, no le extrañaba que la vida se le estuviera alborotando.

– Estos seres son complejos y maravillosos – respondió la *gentil* rosada – cuánto más los conozcas, más te gustarán. Recuerda, cuando transformamos pensamientos, estamos modificando sus sentimientos, su manera de estar en el mundo, la realidad en la que viven y sobre todo, y esto es lo más importante, en cómo la viven.

– ¡Qué hermoso! – volvió a exclamar.

– Sí, y ¡qué responsabilidad! – exclamó Otilia – las situaciones de crisis son momentos cruciales en la vida de todo humano, suponen un punto de inflexión en su existencia y es muy importante que estemos a su lado y los apoyemos. Espero que Fabiola la dirija adecuadamente a través de toda esta confusión – dijo en voz baja conociendo las licencias que se tomaba en ocasiones la *igual*.

– Claro, porque tras cada crisis hay un cambio – expuso Engracia dando a entender que había comprendido la explicación de su maestra.

– Eso es, se trata de un momento de cambio único y maravilloso para ellos, pero muy peligroso para nosotras.

– ¿Peligroso? – preguntó extrañada – ¿Por qué?

– Todo está revuelto, si Lo Profundo nos alcanzara quedaríamos atrapadas en esa mente a la espera de rescate, y éste no siempre se produce.

– ¡Ah! – exclamó horrorizada.

– Ya sabes que el humano debe pedir ayuda para recibirla, y algunos están tan derrotados y entregados, que ni siquiera emplean fuerzas en eso – explicó – por tanto, cuando entres en una mente en crisis, no permanezcas mucho tiempo en ella, ya te digo que es muy peligroso, limítate a observar y salir rápidamente realizando varias incursiones a lo largo de la noche.

– Entiendo – dijo flotando en rosa sobre la cabeza de Berenguela.

– Y ahora Engracia, ¡prepárate! Esta noche será larga – dijo Otilia antes de adentrarse en la mente de Berenguela. Fabiola acababa de susurrar… *barbacoa, La Caleta, abrazo…*

VI

Septiembre comenzaba y aquellos meses de verano habían sido contradictorios para Berenguela, sin pensarlo ni desearlo había comenzado una nueva vida y ahora, que llevaba unos meses transitando por ella comenzaba a tomar conciencia del cambio. No había vuelto por el mercadillo y esa ausencia le dolía. Las chicas querían despedir de alguna manera el verano, y como pernoctar fuera de casa estaba totalmente descartado por las obligaciones maternas de Lucrecia y las laborales del resto, pasar un día juntas a modo de convivencia les sabría a gloria. Una barbacoa era la mejor opción, la casa de Jimena un maravilloso lugar y el último sábado de septiembre, la fecha consensuada.

Nick la tenía desconcertada, era evidente que aquel muchacho había llamado su atención y dedicaba más tiempo a pensarlo del que le gustaría. Su relación se limitaba a veinte minutos de conversación diaria, de lunes a viernes y siempre con el traqueteo del tren como testigo. A lo largo de los meses sus charlas habían evolucionado, eran más personales y comenzaban a revelarse mutuamente detalles de su vida. Él, vivía con su padre en Llovizna desde hacía diez años y estaban muy unidos; ella, había enviudado hacía dos y era guía del Museo de Chocolate. Cuando el trabajo se lo permitía, el muchacho ocupaba el taburete contiguo al de Berenguela y charlaban todo el trayecto. A ella le encantaba su frescura y lo miraba con ternura porque se veía reflejada en él, y es que Nick era un soñador que a través de sus sueños estaba consiguiendo que Berenguela recuperara los suyos. En mañanas donde el trabajo lo mantenía totalmente ocupado, le dirigía miradas y sonrisas que ella recogía y entendía como un… *estoy contigo*.

Poco a poco, y muy a su pesar, comenzó a fantasear con encuentros y momentos que hasta entonces sólo pertenecían a Rafael. Esta sustitución la estaba matando, se resistía a aceptar lo que sentía y esta resistencia sumía su mente en un destructivo caos, le costaba pensar y terminaba los días agotada porque gran parte de sus fuerzas las empleaba en luchar contra sí misma. Disfrutar de un día con sus amigas entre conversaciones livianas y risas al aire libre le vendría muy bien, aunque sabía que Nick la acompañaría en su imaginación y Rafael esperaría paciente a que, como cada noche, le contara cómo lo había pasado.

Fabiola experimentaba, brillando en azul, las maravillosas sensaciones que Nick suscitaba en Berenguela, así como sus dudas y la culpa ante lo que percibía como una traición a Rafael. Y de vez en cuando, sin ton ni son, sumaba a estos sentimientos una incomprensible rabia contra el difundo en respuesta a una dolorosa certeza: en cualquier relación que comenzara, siempre serían tres.

Aquella noche a Berenguela se le desbordó el Agua Azulada convertida en lava por la rabia y es que a la confusión de sus emociones, tuvo que añadir la decepción y el fracaso como consecuencia de un furtivo y desagradable abrazo, el abrazo de Jesús, el gerente del Museo.

Éste, soltero por vocación encontró en la viuda un aliciente inesperado porque tras el encuentro, o mejor dicho, el insatisfactorio encuentro que tuvieron en su despacho, la perseguía con el propósito de… lo que fuera. Cena, cine, paseo o café. Le daba igual. Anhelaba su compañía y ella, inventaba mil excusas para eludir un compromiso que no deseaba de ninguna manera y que contaminaba su día a día a golpe de insistencia.

Berenguela lloraba en su cama, con las *gentiles* revoloteándole alrededor de su cabeza y Fabiola suspendida en su brillo azulado sobre su mesilla de noche. Añoraba su vida en La Caleta, la seguridad física y emocional que su marido le dispensaba y que creía le duraría muchos años. Ahora estaba sola y parecía que todos los fantasmas de su vida se habían puesto de acuerdo para venir a acosarla, aquellos abrazos incomprensibles que la hacían sentir como un despojo, la ausencia de Rafael que le dolía como el primer día, aquella ilusión infame por un chico al que casi doblaba la edad y del que no sabía nada, salvo que podía suspenderse en su sonrisa eternamente, la angustiante culpa que le decía que no estaba bien sentir lo que sentía porque traicionaba a su difunto esposo, el castrante miedo que le recordaba la diferencia insalvable que había entre ellos y la hacía sentir estúpida por aquella ilusión que le crecía por momentos, la desconcertante confusión, que todo lo enredaba porque a Berenguela se le mezclaban los pensamientos y se le enredaban los sentimientos en un carrusel que avanzaba empujado por la rabia.

Aquella noche, con todo el peso del mundo sobre sus espaldas y ante la presencia clemente de sus guías, no pudo reprimir volcar su ira sobre el retrato de Rafael. Era la primera vez que lo hacía, pero no sería la última.

"No sé cómo escupirte lo que siento. Para ti es fácil, siempre lo fue, el hombre de éxito, dinero, seguro de sí mismo, que conseguía todo lo que quería y yo renunciando a mi vida por ti. ¿Para qué? ¿Cómo has podido arrebatarme mi vida con tu egoísmo, con tus aires de saberlo siempre todo, de estar en posesión de la verdad, cómo has podido anularme, aniquilarme para siempre? Tú, tu vida, tu trabajo, tu familia, tus amigos, tu casa, tus hobbies, tus costumbres, todo comenzaba por tu.

Y mientras tanto, yo convertida en nada, viviendo en una espera constante para complacerte y hacerte la vida agradable. ¿Para qué? ¿Para esto?

Te has ido. Me has abandonado y te odio. Me has matado, estoy más muerta que tú. Nunca pude imaginar vivir un segundo sin ti… y te fuiste. ¡Te odio! ¡Maldigo el día en el que te conocí! ¡Maldigo el día que acepté compartir mi vida contigo! ¡Maldigo los sueños que compartíamos! ¿Dónde están? ¡Dime! ¡Maldigo a los hijos que nunca tendremos y que ya no deseo tener! ¡Te maldigo! ¡Te odio! ¡Maldigo mi vida y maldigo tu muerte!

Me prometiste que siempre cuidarías de mí y ahora estoy sola. ¿Cómo te pudiste ir? ¡Mira en lo que me estoy convirtiendo! ¡Mira lo que has hecho de mí!"

Berenguela ardía por el odio. No era la única que sentía así. Fabiola la observaba impasible, aquella noche ya había efectuado su susurro y no estaba dispuesta a repetirlo, la viuda se dormía vencida por el cansancio y se despertaba por el deseo de seguir desbordándose. Las *gentiles* entraban y salían de aquella mente en pie de guerra y Fabiola presenciaba la escena embebida en sí misma. Había buscado en todos los posibles futuros de Berenguela, y siempre aparecía Nick. No le gustaba. Tras la paz que experimentaba para Berenguela, a ella le absorbían la ira y la rabia, por primera vez sintió celos, devastadores y absurdos celos. Odio contra el ser amado y contra todo lo que él ama. El abrazo de Nick le pertenecía, y sus besos, también. Berenguela jamás los tendría. Estaba decidida a visitar tantos *futuribles* como pudiera para seguir disfrutando del calor de ese chico pelirrojo. Alargaría aquellos instantes más allá de los límites permitidos haciéndolos desaparecer del futuro de Berenguela, se los borraría para siempre con el fin de gozarlos tan solo ella hasta que un buen día, él se alejara para siempre.

Nadie debía sospechar lo que tramaba, solo pensarlo le daba miedo, porque si ella desaparecía y regresaba a la carne, otra *igual* la sustituiría y Berenguela iría derecha a los brazos de su Nick. Nada ni nadie podría detenerla. Tenía que ser muy precavida, no debía despertar recelos, de momento solo se le pedía que Berenguela fuera a La Caleta para que Mansuara reforzara sus impulsos hacia aquel chico… *no hay problema, eso puedo hacerlo… ya he susurrado La Caleta y barbacoa… además hay otro abrazo desagradable que puede entretenerla… a ver si hay suerte.* Y para desgracia de Berenguela, la hubo. Si primero se dejó mecer en los brazos de Jesús, semanas después, deprisa y corriendo, lo hizo en los del responsable de seguridad del Museo. Habitualmente sus conquistas eran señores desconocidos a los que no volvía ver nunca más, pero a éstos, día tras día les regalaba un *buenos días* para recibir a cambio miradas rebosantes de babosa intención.

VII

El día amaneció soleado y era maravilloso, la luz siempre favorece el ánimo, genera ese extraño fenómeno que diluye los problemas y tiñe de esperanza cualquier circunstancia. Berenguela decidió dilatar su despertar y permaneció un rato en la cama antes de levantarse, mirando al techo intentó recordar lo que había soñado, pero no pudo, conservaba en cambio una suave sensación de bienestar que fue suficiente para animarla a afrontar aquel día de amigas y conversación, con una sonrisa.

Jimena lo tenía todo preparado, era una anfitriona estupenda, comerían en el club social mientras los niños de Lucrecia corretearían por todas partes zambulléndose de vez en cuando en la piscina. Por la tarde, ¡a la playa!, al chiringuito a comer sardinas y beber cerveza, ¡como Dios manda! Adoraba la playa, llevaba tiempo queriendo compartir con Berenguela las puestas de sol, ¡eran espectaculares!, pero ésta se resistía a pisar la arena. Paradójicamente, solo amaba el mar de La Caleta.

La primera en llegar fue Tomasa, siempre iba muy bien acompañada y como en esta ocasión no podía ser de otra manera, su entrenador de tenis Amador, se apuntó a la barbacoa sin demasiada resistencia. Ambos acudieron con ropa deportiva y todo el mundo sabía que en el coche de Tomasa nunca faltaban un buen frasco de perfume y su raqueta, por lo que era más que probable que amenizaran la velada con un partido de tenis.

Lucrecia llegó pasada la una con sus tres hijos y una excusa para su marido… *se le ha complicado la mañana y dice que vendrá esta tarde a la playa…* ya estaban sentados a la mesa, y nadie añadió ni quitó una palabra, sabían que al menos él, mentía. Nadie, ni la propia Lucrecia esperaba verlo por allí, de hecho, Tomasa intuía que la complicación que le había surgido se llamaba Yolanda y tenía los ojos negros. Todas conocían las infidelidades que aquel señor repetía impunemente. Lucrecia o lo amaba demasiado, o no se enteraba de nada, en cualquier caso, ninguna hablaba del tema, jamás, no era conversación para el *Yo Soy*, ni para ningún otro lugar. Si no sabía, era porque no quería saber, los escarceos de aquel caballero eran públicos y notorios; sus coqueteos, indiscriminados. Y si sabía y consentía, ¿quiénes eran ellas para recriminarla?

Hacía tiempo que Lucrecia había tomado una decisión, si su esposo era incapaz de serle leal, no era su problema. Ella estaba con el hombre que amaba, el padre de sus hijos, y éste por fortuna, era un padre maravilloso, el mejor. La convivencia entre ellos resultaba agradable, cálida e incluso afectuosa. Él se dejaba enredar en cuerpos extraños, cierto, pero respetaba su espacio. Ella quería estar con él y punto. No tenía que dar explicaciones a nadie, salvo a sí misma. Y además consideraba que si alguien tenía que tomar una decisión sobre este asunto, no era precisamente ella. Pero desconocía que sus amigas estuvieran al tanto de la situación y callaran, del mismo modo que él ignoraba que su mujer supiera y consintiera. Así mirado, el que vivía en un engaño, era él.

Lucrecia mostraba continuamente luminosas estrellas blancas que le parpadeaban sobre el corazón y en ocasiones volaban hasta su cabeza, símbolos inequívocos del perdón que se dirigía a sí misma por quererse tan poco y hacia su marido, por amarlo tanto.

La primera sorpresa, vino de la mano de Palmira, que a pesar de haber dicho que acudiría a la cita, nadie creía que fuera a aparecer. En ella era habitual ese tipo de comportamientos, decía que sí y luego hacía lo que le venía en gana. Nadie se molestaba, contaban con esa descortesía que ya consideraban parte de su personalidad. Sin embargo, llegó y lo hizo con un semblante espléndido, luciendo un atrevido bikini turquesa, con su melena suelta y unas inusitadas ganas de conversar y reír.

Las *Ayudantes* revoloteaban desparramadas por doquier, el espectáculo multicolor alegraba la mañana y creaba una atmósfera cálida y acogedora en la que compartirse. La temperatura era ideal, los niños reían y jugaban sin alborotar demasiado, incluso aceptaron la comida sin quejas ni lloriqueos. Por su parte, Tomasa, Amador y Palmira disfrutaron de un largo y juguetón baño, que entre capuzones, risotadas, exclamaciones varias que incluían simpáticos *no hagas la Isidra* y una pelota que iba y venía por los aires, les condujo hasta la hora de comer. Berenguela los contemplaba divertida ajena a la verbena multicolor que adornaba aquel instante. Sin darse cuenta, se le distrajeron los pensamientos en el recuerdo de su último baño, había sido con Rafael, y los suyos, siempre eran baños apasionados. Pronto desechó ese recuerdo porque le dolía, y arbitrariamente lo sustituyó por otro relacionado con Nick. Le hubiera encantado compartir ese día con él, de hecho, incluso llegó a proponérselo tímidamente. Y accedió, para dos días más tarde excusarse tras una rocambolesca historia que Berenguela no creyó a pesar de ser cierta, y es que las *fortunas*, con el propósito de complacer a Fabiola, estuvieron entreteniendo su tiempo orquestando unas estrafalarias coincidencias que culminaron con la negativa del muchacho a tan sugerente invitación. Así fue como luciendo su azul, Fabiola fue la única que disfrutó de la compañía de su amor. Prolongó aquella *escena* del futuro de Berenguela más allá de lo permitido… Fabiola riendo junto a Nick mientras jugueteaban en la piscina… Fabiola compartiendo con él su copa de vino… los dos contemplando una majestuosa puesta de Sol… Sin escrúpulos ni remordimientos, se había apoderado de una pizca del futuro de la viuda.

Durante el transcurso de la comida, Palmira rescató el recuerdo de *aquel día* en Llovizna. No hacía falta dar más información. *Aquel día* se correspondía con la noche, dieciséis años atrás, en la que tras disfrutar de un concierto de Don Cat, se quedaron a dormir en casa de unos amigos. La oportunidad era única, ese grupo de música les encantaba, habían superado una tormentosa separación y se reencontraban en los escenarios, actuaban en Llovizna y ellas estarían allí para poder contarlo.

— ¿Os acordáis de *aquel día*? – preguntó divertida mirando fijamente a Lucrecia.

— ¡Cómo no! – exclamó ésta abriendo mucho los ojos y mirando de reojo a su hija de ocho años que andaba por allí – ¡shhhhh! – dijo reclamando silencio.

— Jajaja – rió Palmira desencadenando el revoloteo verdoso y caprichoso de los pajarillos que abanderaban al sentido del humor.

— Tomasa y yo nos fuimos pronto a dormir – apuntó Jimena – os perdimos de vista.

— Sí, así fue – afirmó Tomasa – ¿quién fue la que durmió en la escalera? – preguntó divertida.

— Yo – confesó Berenguela – la de la escalera fui yo. – Y rió mientras se servía una copa de tinto y una burbuja roja e invisible le explotaba sobre la cabeza. A su risa se sumó la de las demás y su burbuja de alegría se multiplicó por cien.

— Es que no sé dónde os metisteis – dijo Jimena – ha sido un misterio todo este tiempo.

— Nada de misterio – apuntó Palmira.

– Nada, nada de misterio – Lucrecia se anticipó temiendo que fuera a contar lo ocurrido – fuimos a la playa para bañarnos de noche, pero finalmente desistimos y nos conformamos con ver salir el sol – mintió con la intención de zanjar la incógnita que había acompañado a aquella noche durante veinte años.

– ¡Ah!, ya… en la playa contemplando el amanecer… claro, claro – Tomasa sonaba poco convencida – ¿y tú, Berenguela?

– Fui al baño y cuando regresé no encontré a nadie, me marché a casa y como no me abríais la puerta, me senté en el rellano a esperar y sin darme cuenta me quedé dormida – intencionadamente acababa de obviar lo ocurrido entre saberse perdida y quedarse dormida.

La historia real, por tantos años ocultada, era la que sigue.

Al salir del baño y no encontrar a sus amigas, Berenguela decidió preguntar por ellas a un chico que acababan de conocer y éste, aprovechando la ocasión la invitó a pasear sobre la arena, escuchar el mar y hablar a las estrellas… *no, no he visto a tus amigas, Palmira y Lu…Lu… Lucrecia,* dijo Berenguela. *…bueno a esa, tampoco la he visto. ¿Vamos?* Y ella como de costumbre, accedió. En poco tiempo se encontró perdida en los brazos de ese recién conocido que tras darle su primer achuchón ya había sido descartado. De repente escucharon a lo lejos griterío y voces que se aproximaban, destacaba entre ellas un canto de mujer que a voz en grito y corriendo por la orilla, se dirigía hacia ellos. A Berenguela le resultaba familiar… ¡era Lucrecia! Tras desprenderse de su nueva conquista lo miró con la firme intención de comunicarle que había encontrado a su amiga y que, sintiéndolo mucho, ponía punto y final a su encuentro, pero en ese momento ambos constataron la semidesnudez de la cantante enloquecida, una tanga llevaba, y sí, era Lucrecia. Mudos se quedaron y cuando Berenguela ya no podía con tanta vergüenza, apareció en escena Palmira. Corría tras ella como una loca llevando su vestido en una mano y los zapatos en la otra al tiempo que aullaba escandalosamente…

Lucreciaaaa… paraaaa… estás locaaaa… Lucrecia, que ahí hay mucha luz, mujerrr…. Atónito, el chico miró a Berenguela y preguntó… *¿Lucrecia?, ¿tu amiga?* a lo que Berenguela, sin pudor ni remordimiento respondió un enérgico… *¡no!, ¡esa Lucrecia, no!*

El postre consistió en un tradicional pastel de fresas con nata que Berenguela acompañó con un paquete de galletas de limón de aquellas que tanto le gustaban. Incluso había conseguido que Lalit las incorporase al *Yo Soy* bautizándolas con un inquietante, *Yo Soy Secreto*.

– ¡Qué ricas! – exclamó Lucrecia mordiendo una de aquellas refrescantes galletas.

– Las probé en el tren y me encantan – explicó Berenguela.

– ¡Desde luego! – dijo Jimena divertida – galleta de limón por la mañana, galleta de limón por la tarde y galleta de limón por la noche.

– ¡Exagerada! – rió y nuevamente una bandada de pájaros brillantes sobrevolaron aquel lugar dejando tras ellos una fantástica estela de color verde mar – pues sí, las probé en el tren. Son las preferidas de Nick – dijo Berenguela, que tras haberse sentido acompañada por el recuerdo del muchacho durante toda la mañana, no le pareció extraño incorporarlo a la conversación.

– ¿Quién? – preguntó Jimena anticipándose a las demás.

– Nick, el camarero del tren – explicó con una amplia sonrisa y un sospechoso brillo en los ojos – somos amigos – concluyó.

– ¿Amigos? – preguntó Tomasa muy divertida – ¡amigos! – repitió en pura exclamación mientras mostraba las manos al cielo y ponía sus ojos en blanco.

– ¡Sí, amigos! – respondió contundente – ¡no hagas la Isidra! – Y tras la estruendosa risotada que esta frase propició, todo se llenó de enormes burbujas rodeadas de pajarillos.

– Amigas ya tienes, somos nosotras – dijo Tomasa señalando a las demás – a estas alturas hablar de amistad… seguro que es guapo.

– ¡Calla, loca! – dijo Berenguela fingiendo malestar – ¡sí, es guapo!

– ¿Años? – preguntó Lucrecia.

– Veintipocos – respondió algo avergonzada. A su respuesta, siguió un absoluto silencio que le pareció eterno y desembocó en la espontánea exclamación de Tomasa.

– ¡Sí, hombre!, ¡veintipocos! ¡jajajaja!

La conversación a partir de ese momento derivó y degeneró en variopintos y jocosos comentarios, por parte de Tomasa un… *lleva cuidado que si te tira los trastos igual es un pervertido persigue-ancianas…* o contundentes intervenciones de Lucrecia del tipo… *que te gusten los chicos jóvenes es signo inequívoco de que te has hecho mayor, asúmelo, no hay vuelta atrás…* y Jimena, que continuaba bromeando… *¡cuidado!, después de un novio joven viene el botox y vestir con dos tallas menos…* para terminar Palmira rematando con un… *¡no hagas la Isidra!, yo de ti, cambiaba de tren ahora que estás a tiempo. ¡Huye!*

Berenguela estaba encantada, compartir a Nick con sus amigas, le sabía a gloria.

– ¿Cómo va la cosa por el Museo? – preguntó de repente Tomasa – ¿estás mejor, verdad?

– Todo bien, el trabajo me entretiene, estoy distraída. Aunque me gustaría volver al mercadillo algún sábado, ¿te animas?, ¿me acompañas? A veces va por allí una vidente con muy buena fama, Mansuara se llama – intentaba tentar a su amiga.

– Claro, mujer. Si me necesitas voy contigo – dijo amable – ya concretamos las fechas.

Sonó el timbre de la puerta y al poco tiempo Jimena se presentó acompañada por un nuevo invitado.

– Estamos con el café, ¿quieres tomar algo? – preguntó educadamente.

– No, gracias – rehusó.

– Ven, voy a presentarte. Bueno a Berenguela ya la conoces...

¡Y vaya si se conocían!, la pobre casi se muere cuando lo vio aparecer. No se lo pensó, de inmediato se retiró a *descansar* perdonando las sardinas, la cerveza y por supuesto, la arena. El día había transcurrido con una magia increíble, había sido un magnífico regalo que no quería enturbiar con insinuaciones e intenciones fuera de lugar. Todos fueron comprensivos, incluso el recién llegado, Jesús, que no tardó en entretenerse con un simpático coqueteo con Palmira, que para sorpresa de los presentes y satisfacción de Engracia, le correspondía con idéntico interés.

La jornada terminó y tras despedir oficialmente el verano, todas continuaron con sus vidas y sus secretos. Berenguela con su amor por Nick, Tomasa con su amor por Lucrecia, Lucrecia con su amor por su esposo infiel, Palmira con su amor a una madre ausente y Jimena, con su amor a desconocidos que desde el otro lado del océano reclamaban su atención.

VÊKIGO

I

¿Qué es Vêkigo?

Fascinante interrogante con incierta y asombrosa respuesta. Una idea, un lugar, un estado, una fantasía, un instante, una eternidad, un pensamiento.

¡Quién sabe! y además, ¡qué importa!

Vêkigo es, y allí habitan Seres maravillosos de excepcionales e imperceptibles características. Un espléndido batallón de criaturas invisibles e inaudibles que ofrecen con generosidad su eternidad para alivio del mortal. No esperan reconocimiento ni notoriedad, son guerreros y conforman un escuadrón multicolor y plural que lucha incansablemente para rescatar al humano de las tinieblas.

Su sociedad se estructura jerárquicamente y en ella destacan tres normas de obligado cumplimiento.

Nunca, nadie, pregunta por qué. No se trata de una pregunta prohibida, pero se descarta por absurda. No podemos conocer todos los matices relacionados con una situación y si no se dispone de todas las claves, es imposible alcanzar una respuesta correcta. La pregunta estrella es, ¿para qué?

Son muy cuidadosos con su vocabulario, conocen el poder de las palabras y la importancia de sus vibraciones. Pronto aprenden que pronunciar… lo siento, perdóname, te amo, gracias… consigue aumentar y mejorar la energía de cualquier circunstancia, por eso, los *gentiles* las emplean para enfrentarse a los pensamientos que transforman.

Y además, se relacionan entre ellos de un modo muy especial, tan sólo durante el momento en el que se produce su encuentro y nada más. Dan lo mejor de sí mismos sin preocuparse de qué podrían obtener o perder. No existe el apego, el enamoramiento, ni las relaciones que se prolonguen más allá de un instante.

En el Plan se contempla la fusión de Vêkigo con el mundo humano, es difícil determinar exactamente cuándo se producirá, pero desde hace algún tiempo se observan cambios en ambos universos. Se han vuelto mucho más permisivos y flexibles tanto con el cumplimiento de las normas, como con la aplicación de sanciones. Por su parte, en la materia comienzan a despertar siendo cada vez más los que ven con el corazón.

En Vêkigo están muy preocupados por la evolución de Berenguela. Según lo previsto, debería estar viviendo una maravillosa y romántica relación con Nick que le haría recuperar las ganas de vivir y le ayudaría a superar la muerte de Rafael. Sin embargo, los dos hombres coexisten en su mente y luchan por conseguir protagonismo. En ella todo es caos y culpa. Algo no se estaba haciendo bien y tenían que intervenir.

Fabiola, Engracia y Otilia esperaban revoloteando sobre la barca de Mansuara y ésta, disfrutando de las estrellas y el aroma del mar, tarareaba su canción preferida… *bienvenida a mi mundo… bienvenida a mi mundo… bienvenida a mi mundo.* De repente, apareció ante ellas el Gran Hacedor, una luz bi-color, blanco y añil, ponía de manifiesto que pertenecía a un rango superior. Éstos, los que lucían más de un color en su estela, eran los responsables de organizar y supervisar el Plan. También determinaban los destinos de los guías y ejecutaban los castigos en caso de faltas. Extrañamente, nunca mostraban clemencia. En Vêkigo, todo el mundo sabía qué tenía que hacer y disponía de las herramientas necesarias para llevar a cabo su tarea, si no se hacía debidamente era sin duda por negligencia, no había excusas. El necesitado de perdón no pertenecía a ese mundo, sino al de la carne.

Fue contundente… *la evolución de Berenguela está siendo nefasta. Creemos que no se está haciendo todo lo posible por ella. Actualmente su mente y su corazón se debaten en una encarnizada lucha que amenaza con perpetuarse, cuando debería estar disfrutando de un maravilloso romance con Nick. Este chico es el que le devolverá la ilusión por la vida y conseguirá que acepte y supere la marcha de Rafael. Repito, algo no se está haciendo bien…* Fabiola se veía hecha carne… *sabemos que Mansuara ha descubierto al menos veinte memorias que bloquean la felicidad de Berenguela, demasiadas… no hay tiempo… hemos seleccionado tres, si el Custodio las elimina, la mejoría general será notable. Es muy importante que sepa que es merecedora de amor, así recuperará el respeto por sí misma, dejará de caer en brazos ajenos indiscriminadamente y comenzará a cuidarse y amarse. Estamos convencidos de que eliminar esta memoria, agradará mucho al Custodio y el trabajo posterior será más sencillo y efectivo. A continuación, nos centraremos en las críticas y los juicios injustos y por último, le borraremos el no-adiós. ¿Entendido?*

Entre las cuatro no alcanzaron a pronunciar un sí enérgico, estaban paralizadas y expectantes, todas, excepto Mansuara, tenían motivos para volver a la carne de inmediato. Ya sabían hacia dónde dirigir sus pasos y esperaban ansiosas la despedida del Ser bicolor. Ojala el Gran Hacedor desapareciera con la misma rapidez con la que había emergido de la noche, pero no fue así, todavía le quedaba algo por decir… *Otilia y Engracia volverán a Vêkigo esta misma noche, desde este momento quedáis liberadas de la mente de Berenguela. Allí os darán instrucciones. Profunda gratitud para Mansuara y una advertencia para Fabiola.*

No dijo más, se esfumó y antes de poder replicar, Otilia y Engracia siguieron la misma suerte.

II

Aquella noche Fabiola no susurró, se quedó flotando en azul, balanceándose como si se meciera a sí misma mientras contemplaba el mar desde la terraza del apartamento de Berenguela. Se deleitaba en el recuerdo de su primera noche de amor con Nick, tras meses de búsqueda y exploración infructuosa, por fin había encontrado esa *escena* en el futuro de Berenguela. La suerte la acompañaba, no cabía ninguna duda, con la advertencia recibida de sus superiores se habían constatado al menos dos cosas: que estaban al tanto de sus infracciones y que habían determinado, ¡vete tú a saber para qué!, que continuara junto a la viuda. Algo tramaban. Siempre tramaban algo, ellos no dejaban nada al azar.

Aburrida por sus dudas, prefirió entretenerse en lo que había experimentado aquella jornada mientras saltaba con alegría de una *escena* del futuro de Berenguela a otra. Siendo una hermosa chispa azul, encontró miradas cómplices, paseos y risas de Berenguela junto a Nick, Berenguela charlando con un chico rubio, algo regordete y de uñas esmaltadas, Berenguela en la cubierta de un barco, Berenguela llorando en La Caleta, Berenguela con una raqueta de tenis en sus manos y por fin, cuando iba a dar por concluida la ronda, Berenguela rendida en los brazos de Nick, convertidos definitivamente en amantes. Tenía mucha suerte, sí, se había escapado de la carne y disfrutado de su amor el mismo día. No pudo prolongar la escena más allá de lo permitido porque el tiempo se le echó encima, pero lo haría, borraría esa opción de la vida de Berenguela porque Nick era solo para ella.

Y de vez en cuando, como un intruso impertinente, entre sus cavilaciones se entrometía una pregunta sin respuesta, ¿qué habrán hecho las *gentiles*?

Berenguela, aquella noche tenía una extraña sensación de vacío y apatía. Se debía a la ausencia de sus guías, aunque ella lo achacó al regreso, menos mal que Tomasa la acompañaba. Habían pasado seis meses desde que abandonara su paraíso azul sin tiempo para la despedida y regresar le estaba resultando muy duro. Todo olía a él. Habían previsto una visita relámpago, noche en La Caleta, mañana en el mercadillo y vuelta a Los Frutos.

Hola, mi amor. He vuelto… pronunció para sí nada más llegar. Tomasa, sin decir una palabra, no le quitaba ojo de encima… *a dormir prontito, ¿vale?* propuso, y Berenguela que estaba deseando privacidad para desgarrarse, asintió.

Una foto en blanco y negro fue el detonante. Mostraba solo sus rostros con la luna semiescondida de fondo. Su primera foto. Rafael la enmarcó y con ella acompañó un ostentoso anillo y una proposición descabellada. De su puño y letra, tatuó el cristal con un Te Quiero y ella improvisó un punto y final colorido, al dejar impreso el carmín de sus labios.

Apenas podía recordar la última vez que oyó un *te quiero,* no sabía que sería el último, claro. De haberlo sabido hubiera intentando agarrar ese instante, habría cerrado los ojos, aguantado la respiración, agudizado los sentidos y sonreído. Seguro. De haber sabido que transcurriría tanto tiempo sin volver a escuchar esas palabras, habría intentado secuestrar el momento, el último momento de sentirse necesitada. Pero no lo supo, ni lo intuyó, nada. Escuchó, probablemente asintió y sin más, esa bella oportunidad pasó.

Era tremendo el vacío que sentía, quería desaparecer, perderse aunque sólo fuera por un instante, un instante que se pudiera prolongar eternamente en un lugar perdido y seguro. Un punto de luz, calentito y acogedor podría ser una opción interesante, recibir un abrazo en el que cerrar los ojos y morir, también. Ahora, sólo deseaba no ser.

Berenguela aquella noche estaba agotada, triste y se sentía tremendamente sola. A pesar de todo sonreía. No era falsedad sino un fenómeno sorprendente y mágico que quizá pudiera tener alguna utilidad más allá de la de hacerla sentir rara. Lo desconocía, pero mientras su alma lloraba, sus labios sonreían. El Agua Azulada se desbordaba fuera de control anegando gran parte de La Pradera, esto provocó que una figura menuda corriera a refugiarse al abrigo de la Montaña para seguir contemplando a salvo, los torbellinos de ideas que iban y venían sin control por toda la mente de Berenguela.

Deseaba que todo terminara y poner fin al calvario de tiempo y tiempo que repetía perversamente decepciones y frustraciones. *Ya no quiero más... es agotador… por favor, ya no más.*

Había jugado durante años a juegos, que a pesar de parecer dispares, compartían finales similares: su rostro bañado en lágrimas junto a una cicatriz más que sumar al juego siguiente y un impertinente ¿y ahora qué? que la sumergía en la búsqueda de *algo* o *alguien* hacia *qué* o *quién* dirigir sus siguientes pasos.

Ya no quería caminar, no quería dirigirse a ningún lugar, no quería seguir creciendo ni aprendiendo, le tenía sin cuidado lo que estuviera por venir. Hubiera matado por no ser, pero tenía que conformarse con las lágrimas para liberar su frustración.

A pesar de hacerlo con regularidad, Berenguela odiaba mentirse. Sus ideas iban y venían chocando entre sí. Rebotaban en su Mente para de nuevo ir y venir, subir y bajar, girar y balancearse mientras se repetían de un modo enfermizo con el fin de expresar todo el tiempo la misma idea. La misma puta idea que no la dejaba vivir, que no la dejaba en paz, que le hacía desear la muerte mientras regalaba vida y sonrisas.

Hacía mucho tiempo que había tirado la toalla, un buen día renunció a ser feliz y lo aceptó sin más. Asumió la infelicidad, como asumió la soledad y también no volver a escuchar un *te quiero*. Y no dramatizó en absoluto. Lo hizo con tal naturalidad, que resultaba inquietante. Rafael se había marchado para siempre y ante la eterna despedida, no había nada que ella pudiera hacer.

Él, el pelirrojo, era el culpable de que después de tanto tiempo, su Mente comenzara a dudar y la confusión la atormentara día y noche. No entendía sus emociones, no podía tratarse de amor porque éste pertenecía al difunto. Pero lo quería, lo pensaba y lo extrañaba. Se esforzaba por protegerlo y cuidarlo. Lo había disfrazado de amor maternal, pero lo deseaba. El Triunvirato del Arpón se reproducía con preocupante rapidez por toda su mente. El Miedo, La Culpa y la Confusión protagonizaban ahora todo su mundo.

No tenía más remedio que dejarlo pasar. Había resuelto ignorarlo, no hablarle, incluso intentaría no pensarlo ni soñarlo. Lo convertiría en un recuerdo y después en olvido. Era la única manera de serenar su mente y su vida. Debía quedar fuera.

Pero Nick, era un sueño que con fuerza se resistía al destierro. Porque era perfecto. Porque lo llenaba todo. Porque no sabía cómo ni por qué lo amaba y porque cada noche la visitaba en sus sueños para susurrarle con ternura infinita un *te quiero*.

No quería dormir sola, aquella noche, no. Se dirigió a la habitación en la que descansaba Tomasa y con un suave *¿puedo?*, consiguió que le cediera el calor de sus sábanas.

Aquella noche Mansuara tampoco estaba para bromas. No entendía lo que acababa de presenciar, Otilia regresando a Vêkigo con Engracia y sin embargo Fabiola… no confiaba en ella, no sabía qué estaba ocurriendo pero sospechaba que la *igual* tenía mucho que ver. Sin embargo todo lo habían zanjado con una benévola advertencia. Necesitaba dormir, esperaba encontrarse con Berenguela al día siguiente, tenía que dirigirla hacia Nick. Desde hacía veinticinco años, si estaba en la Caleta, acudía al mercadillo. Pero muy a su pesar, estaba a punto de romperse una tradición, Mansuara durmió hasta media tarde y no pudo acudir a su cita.

Si quería hablar con Berenguela, las *fortunas* tendrían que organizar un encuentro, pero estaban bajo las órdenes de Fabiola y algo le decía que no podía contar con ellas. No importaba, disponía de recursos mundanos que resultaban igualmente efectivos, el siguiente lunes tomaría un tren, uno que comunicaba Los Frutos con Llovizna y siempre emprendía su viaje a las ocho.

III

— ¿Qué has hecho, Otilia? — preguntó perpleja la aspirante — ¿por qué te han hecho regresar?

— ¿Y a ti? — preguntó a su vez la *gentil*. No deseaba responder, como no deseaba sucumbir a la tentación de la mentira. ¡Maldita Unificación! — Si hay un momento oportuno para contarme la verdad, es éste.

— Palmira — comenzó tímidamente.

— ¿Palmira? — se extrañó — ¿qué le pasa?

— No sé por qué, pero me siento atraída hacia su mente — y decidida a ser sincera continuó — cuando regresé de Vêkigo me encontré de repente en su interior. Por cierto, ¡desolador!

— Y has vuelto en más ocasiones por tu cuenta, ¿es eso? — preguntó aliviada. Había imaginado infracciones mucho más graves, como establecer contacto con humanos.

— Bueno, no exactamente — respondió resuelta a contarlo todo — no he podido acceder en más ocasiones, pero un buen día comencé a comunicarme con ella.

— ¡¿Cómo?! ¡Eres una insensata! — exclamó horrorizada — ¡¿Cómo se te ocurre?!

– No sé… no lo pensé… lo siento – Engracia estaba visiblemente afectada – no quería perjudicarte, pensaba que sólo me sancionarían a mí…

– No te preocupes, no pasa nada – dijo para tranquilizarla – asumo mi parte, yo tampoco he sido un guía ejemplar.

– ¿Qué hiciste? – inquirió curiosa.

– No mucho. Ha sido cosa del apego – y siguió – te he echado de menos, me he preocupado por ti y he consentido tus infracciones sin comunicarlas a los Seres Bicolor.

– Lo siento…– musitó ajena a la verdadera razón de su destierro. No era su relación con Palmira lo que la había conducido hasta allí. Con ella tenía una promesa que debía cumplir y así lo estaba haciendo, pero curiosear por mentes que no le correspondían… ¡inadmisible!

En lo que pareció un instante, recibieron su ultimátum… *Otilia, le enseñarás el "Decálogo del Gentil" completo. Engracia se someterá de nuevo a una prueba de nivel, será la última. Si la supera regresaréis a la vida de Berenguela y tendrá que enfrentarse, ella sola, con el Custodio. El éxito tendrá consecuencias dispares, tú Otilia, regresarás a Vêkigo a la espera de otras misiones. Ella, comenzará su andadura como gentil en una mente que ya debería estar sanando. Palmira está preparada y la está esperando. Si fracasa… bueno, ya sabéis qué ocurre si se fracasa. Hemos decidido que termines su formación aquí, en un lugar seguro y libre de distracciones, disponéis de cuatro semanas humanas, ni un minuto más.*

– ¡Palmira! – exclamó Engracia fuera de sí restando importancia a la situación que estaba viviendo.

– ¡Shhh!, ¡Calla, insensata! – dijo Otilia escandalizada, demasiada espontaneidad para Vêkigo.

El *"Decálogo del Gentil"* era un completísimo Manual que explicaba con todo lujo de detalle, paso a paso, en qué consistía la función de un *gentil* y cómo desempeñarla.

En los dos años y medio que Otilia y Engracia habían compartido, la primera no había hecho mención a tal herramienta. No le gustaba. La teoría era una cosa, pero después, en el campo de batalla se tomaban decisiones que no explicaba ningún manual. Hacía eones de años que no tenía uno de esos mamotretos a su alcance, le invadió la nostalgia al recordarse en sus inicios, era un puro parpadeo por la inseguridad que le producía adentrarse en mentes ajenas, no podía evitar la sensación de estar profanando un templo. Le costaba dirigirse a los pensamientos, no por timidez sino por respeto. ¿Quién era ella para cambiar nada?

Su relación con los Custodios tampoco comenzó fluyendo. Muchos años y miles de humanos la habían enseñado a relacionarse con esos seres menudos y caprichosos. Sus continuos desplantes y esas decisiones arbitrarias desprovistas de todo sentido, contribuyeron a forjarla como la maravillosa *gentil* en la que se había convertido. Necesitó emplear mucho tiempo y parte de su divina paciencia para aceptar que, no importaba el trabajo que ella hubiera desempeñado, ni los esfuerzos empleados, quien decidía era el pequeño Ente, no ella.

Engracia acumulaba algo de experiencia, había estado en la mente de Berenguela, en la de Palmira y ella sabría en cuántas más. No le costaría aprender.

– Engracia, tengo el manual aquí – dijo mostrándole un cilindro dorado con uno de sus extremos puntiagudo y ligeramente azulado.

– Es hermoso – dijo – ¿cómo se despliega?

– Poco a poco, conforme asimiles su contenido te irá desvelando más conceptos – explicó – el tiempo que tardemos en regresar, por tanto, depende de ti.

– Entiendo, no te preocupes – Engracia, consciente de la gravedad de la situación en la que se encontraban, se mostraba seria – pondré todo de mi parte y pronto estaremos de vuelta.

– Confío en ti – dijo convencida – cuanto antes, mejor para todos, créeme – ¿te gusta el aroma que he elegido para hoy? – intentaba aliviar la tensión.

– ¡Me encanta! – exclamó con sinceridad.

Otilia había elegido para aquella sesión el aroma de las natillas, unas deliciosas natillas bien calentitas y con una pizca de canela. Tal manjar había formado parte de su existencia durante mucho tiempo, estuvo visitando una mente durante más de quince años, era una madre maravillosa que cada viernes preparaba con amor el postre preferido de su hija, natillas. Aquella fragancia la tranquilizaba, le ofrecía paz y calor, justo lo que necesitaba en aquellos momentos. No se quitaba de encima el recuerdo de Berenguela en manos de la díscola Fabiola. No comprendía la clemencia que habían mostrado con ella, pero tampoco era asunto suyo. Por su parte, Engracia, no podía evitar un sentimiento inmenso de culpa, se preguntaba qué estaría pensando la pobre Palmira de su ausencia. Le dolía no poder responder a sus preguntas, pero sobre todo, le angustiaba no proporcionarle su aroma como consiguiera hacer la última noche. A lo largo de los meses que habían transcurrido desde su primera comunicación, Engracia había logrado hacerse notar. A fuerza de intentos y fracasos, un día alcanzó el triunfo. Se concentró en un diminuto punto de energía rosada y así, con todo su Ser en casi nada, comenzó a girar sobre sí misma mientras recorría toda la estancia, y justo en el momento en que parecía que se iba a desintegrar, se zambulló en el interior de un frasco de perfume, ese perfume que tanto le gustaba cuando vivía en la materia siendo la madre de Palmira. Arriba-abajo en cuatro ocasiones. No hizo falta más. A continuación explotó convirtiéndose en millones de partículas microscópicas que terminaron impregnando toda la estancia con aquel dulzón aroma a almendras y miel tan suyo. Ya lo había intentado en otras ocasiones con otros sistemas, otros giros y otros tiempos, pero sin resultados, Palmira no sonreía. Ahora estaba decidida a aplicarse al máximo y poder regresar junto a aquella sensacional mujer lo antes posible.

IV

Con un simple *Comienza…* Otilia le entregó el manual a su aspirante para que leyera en voz alta… *"Decálogo del Gentil"* y sus palabras surtieron efecto de inmediato, el cono luminoso fue desplegándose lentamente mostrando su primer epígrafe.

PRIMERO - PREPARAR LA MENTE

Es imposible contactar con el Custodio sin preparar la mente del humano primero, porque éste, para abandonar la seguridad que le ofrece la Montaña Fántica, debe sentirse cómodo y seguro.

– ¿Puedes especificar las condiciones de la mente a las que se refiere este punto? – preguntó Engracia deleitándose en el aroma que lo impregnaba todo.

– Por supuesto – respondió antes de ofrecerle una amplia explicación – es fundamental que la mente esté serena, nada de pensamientos revoloteando y golpeando aquí y allá. Además, el Agua Azulada debe estar controlada, es decir, en estado líquido y sin grandes desbordamientos. Por supuesto, la rabia está descartada. Y por último, La Pradera debe mostrar, en al menos un tercio de su extensión, el color verde de la Esperanza.

– Ya entiendo, el humano debe tener esperanza, la tristeza controlada y al Triunvirato a raya – resumió Engracia.

– Exacto – confirmó la *gentil* muy complacida – justo como estaba Berenguela antes del caos que generó en ella Nick. Ha sido una lástima, estábamos ya tan cerca…

– Más de dos años trabajando para conseguir ver sólo la silueta del Custodio.

– Ya, ya – asintió Otilia – los humanos son así, inestables.

El hermoso cilindro prosiguió su camino y a su ritmo, despacio, fue desvelando el siguiente paso a seguir.

SEGUNDO - TRANSFORMACION DE PENSAMIENTOS

Se trata de sustituir los pensamientos inadecuados por otros más convenientes a través de un proceso de transformación.

Se consigue elevando la vibración del pensamiento a tratar utilizando palabras energéticas como lo siento, perdóname, te amo, gracias.

– Este punto lo tengo claro – dijo Engracia – te he observado muchas veces trabajar con Berenguela.

– Lo sé – aseveró – parece sencillo, pero se necesita una increíble convicción. Hay un factor que puede ayudar muchísimo.

– Dime – solicitó interesada.

– Si el humano repite, oral o mentalmente, esas palabras a lo largo de su día o incluso durante el transcurso de su sueño, la frecuencia del pensamiento se eleva a unos niveles increíbles y además lo hace en tan poco tiempo, que la transformación parece fruto de la magia.

– ¡Oh! – exclamó – ¡fantástico!

– Sí, lo es – y continuó – recuerda que no se cambian unos pensamientos por otros. Los pensamientos son energía, información, y lo que hacemos es transformarlos, no sustituirlos.

– Esto es muy importante, ¿verdad?

– Sí, muy importante, todos los pensamientos, sea cual sea su signo, están constituidos por la misma materia prima, por tanto, todos los humanos tienen en su mente lo que necesitan para estar en paz y ser felices…

– … todo dependerá de la frecuencia en la que vibren sus pensamientos.

– ¡Exacto! – exclamó animada – pero…

– ¿Pero…?

– Hay un truco, un atajo que he descubierto – explicó bajando el tono de su voz.

– ¿Y se trata de…? – la aspirante se divertía.

– La risa – y fue contundente – si ríes ante las puertas de la Montaña Fántica, el Custodio acude animado por esa melodía. ¡Le encanta reír!

Otilia insistió en la importancia que tenían los pensamientos en la vida de los humanos, si predominaban los de baja vibración, los negativos, estos proyectarían igualmente realidades imperfectas y repletas de adversidades. El objetivo era alcanzar el mayor número de pensamientos con alta vibración, pensamientos positivos a partir de los que crear una vida rebosante de magia y sorpresas.

– Bueno Engracia, al parecer hemos terminado por hoy – Otilia observaba el manual a la espera de algún movimiento, pero éste no evidenciaba ningún cambio.

– ¿Ya está? – preguntó sin entender.

– No sé, debería seguir desplegándose pero no se mueve – respondió dubitativa – juraría que cuando daba por finalizaba una sesión, el cono se replegaba sobre sí mismo a la espera del siguiente instante de formación.

– ¡Mira!, ¡se mueve! ¡se abre! – exclamó Engracia – ¡Sigamos!

– Ya veo, pues si desea que sigamos adelante, no hay nada que objetar. A por el tercer punto.

TERCERO - SITUACIONES DE CRISIS

Cuando los pensamientos se muestren claramente divididos en dos bandos, nos limitaremos a observar realizando visitas frecuentes y rápidas hasta que se serenen.

– Llevando cuidado de no ser víctimas de Lo Profundo – completó Engracia.

– Muy bien – afirmó satisfecha – vamos muy bien.

Y de repente el manual se cerró de golpe y con un chasquido indescriptible puso punto y final a la sesión y al aroma a natillas.

V

Diciembre discurría apacible, la vida de Berenguela, no tanto. Jesús no llevaba bien sentirse rechazado y determinó poner fin a aquella situación. No se lo pensó demasiado, le plantó un ridículo finiquito a modo de despedida y a continuación tomó un avión y desapareció de Llovizna. Y ya está. Otra vez. Una ocupación más que sumar a su particular ranking.

No sabía cómo decírselo a Jimena y como no sabía qué decirle, no le dijo nada. Cada mañana se levantaba fingiendo ir a trabajar para poder disfrutar de su desayuno con Nick y más tarde paseaba por Llovizna hasta regresar, apática y desilusionada, en el tren de las once.

La esperanza comenzó a formar parte de su rutina, esperaba no ser descubierta por su amiga, esperaba ver cada mañana a Nick, esperaba que Jesús no volviera de dónde quisiera que se encontrara, esperaba que llegara el viernes para evadirse y sonreír, esperaba cambios en su relación con el chico pelirrojo, esperaba armarse de valor y hablarle a Jimena de su despido y desde hacía dos semanas, también esperaba compartir su viaje de regreso con Mansuara.

Coincidió con la vidente el mismo día en el que fue despedida, a las ocho en punto se vieron en la cafetería del tren. Ella, muy discreta y contraviniendo su fama, se limitó a sonreírle con familiaridad y levantar su mano derecha a modo de saludo. Más tarde y ya de regreso, volvieron a encontrarse. En esta ocasión se dirigió hacia Berenguela y sentándose en el taburete contiguo entabló lo que parecía una conversación trivial.

— ¿Qué casualidad, no crees? – dijo mientras tomaba asiento.

— Sí, sí, mucha – respondió Berenguela sorprendida por tanto encuentro fortuito.

— Hace mucho que no coincidimos en el mercadillo, ¿te has mudado? – preguntó inocentemente.

— Sí, ahora vivo en Los Frutos con una amiga.

— Y trabajas en Llovizna, claro – terminó la frase.

— Sí, eso es – mintió.

— Bueno, trabajabas ¿no? – rectificó mirándola fijamente a los ojos.

— Sí, en fin… – Berenguela no podía con aquella mujer. Recordó lo difícil que le había resultado mantenerle la mirada el primer día que la conoció, y aceptó que no era debido al dolor ni a la cercanía de la muerte, sencillamente, no podía mantenerle la mirada. La intimidaba, sentía que leía su interior, que accedía sin pudor a esa parte de sí misma que con tanto celo y esmero guardaba. Y sentirse expuesta se le hacía intolerable.

— Yo hago este viaje dos veces por semana, lunes y jueves – dijo sin que nadie le preguntara – por motivos personales – concluyó la vidente.

— ¡Ah! – exclamó por todo comentario – es un trayecto corto y ameno, de hecho, ya estamos llegando. – El aviso que anunciaba la siguiente parada le dio la razón.

— Ha sido un placer volver a verte – le dijo tendiéndole la mano. Y se marchó.

VI

– ¡Otilia! – gritó Engracia – ¡comienza otra sesión!

– ¡Voy, voy! – acudió al instante y comprobó como el manual se desplegaba y mostraba el cuarto paso a seguir.

– ¡Me gusta muchísimo! – Engracia se mostraba entusiasmada con el aroma a hierba recién cortada que Otilia había seleccionado para aquella jornada.

– Gracias – respondió complacida – a mi también me gusta mucho, es refrescante y siempre me ha acompañado en momentos agradables, veamos que nos muestra hoy el manual.

CUARTO - PACIENCIA INFINITA

Nos situamos frente a la puerta de la Montaña Fántica y esperamos. El Custodio vendrá a nosotros en el momento adecuado, Él sabe cuándo pueden liberarse los recuerdos dolorosos y las memorias negativas.

– Parece sencillo – apuntó Engracia.

– No creas, puedes estar allí, semanas, meses y no pasar nada.

– De ahí lo de *infinita* – bromeó la aspirante.

– Pues sí – Otilia explicó – nunca sabes qué ocurrirá. Las mentes humanas son impredecibles, ya lo has visto. Recuerda que nunca, bajo ningún pretexto debes comenzar tú la comunicación.

– ¿Qué ocurriría? – preguntó interesada.

– Con toda probabilidad se escondería en la Montaña para no salir más – dijo muy seria – el humano quedaría a su merced. Y son caprichosos y vulnerables. Si no se sienten amados, pueden hacer cualquier cosa para llamar la atención, y cuando digo cualquier cosa, hablo en serio.

– ¿Cómo puede un Custodio sentirse amado? – Engracia estaba motivada, deseaba regresar junto a Palmira. La recompensa que le esperaba era realmente magnífica, un sueño. – ¿Acaso los humanos conocen su existencia?

– Algunos sospechan lo que ocurre, los menos. Es una lástima – y siguió – todo lo que hace el humano hacia sí mismo, se lo hace al Custodio.

– Así de sencillo.

– Así de complicado, Engracia – comentó la *gentil* – porque si hay algo de lo que carecen, es de amor hacia sí mismos. Tienden a descuidarse y no prestarse atención, suelen anteponer cualquier cosa o a cualquier persona a su propio bienestar y además lo hacen sin demasiado criterio.

Como si estuviera cansado de este razonamiento o se sintiera apresurado, el manual siguió revelándose.

QUINTO - RESPETO

Él comienza el contacto. Él manda. Es necesario comprender que son seres con unas características muy peculiares: impulsivos, caprichosos y muy literales. Nuestro lenguaje debe ser el adecuado y sobre todo conciso y claro.

– Engracia, por favor, presta especial atención a este punto – pidió Otilia.

– Escucho.

– Pueden parecer incluso maleducados, pero no lo son – aclaró la *gentil* – se comportan como lo haría un niño de siete años.

– ¿Siete años?, ¿un niño humano? – preguntó sorprendida.

– Exacto.

– Estás diciendo que un niño de siete años es el Custodio de los recuerdos y memorias de un humano adulto, ¿no? – preguntó entre divertida y asombrada.

– Sí, eso es – confirmó – ¿no te parece apasionante?

– Me parece inquietante, no me extraña que los pobres vayan a la deriva la mayor parte del tiempo – Engracia no contaba con esto, imaginaba al Custodio como alguien solemne. En parte se sentía un poco desilusionada, acababa de descubrir que tendría que pasar el resto de su eternidad lidiando con niños o niñas de siete años.

– No te equivoques, estás sacando conclusiones precipitadas – dijo Otilia – son *como* niños de siete años… agradecidos, cariñosos, obedientes, fieles, sinceros, auténticos, espontáneos, con unas inmensas ganas de agradar… si a un niño le das amor, ya está, no pide nada más. A eso debe dedicarse el humano, a amarse a sí mismo para que su niño se sienta amado.

– Y entonces, ¿cómo hay que hablarles? – preguntó.

– Con frases cortas y mensajes directos teniendo en cuenta que son muy literales, no hay que dejar espacio a la interpretación o la deducción. Di exactamente lo que quieras decir.

El cono giró…

SEXTO - MEMORIAS

Cuando el Custodio lo considere oportuno nos solicitará información sobre qué memoria debe borrar o eliminar de la Montaña.

– Pues como te decía, en un lenguaje muy claro y sencillo comunicamos al Custodio la memoria que nos ha indicado el *Artista* que se debe borrar – dijo Otilia.

– En el caso de Berenguela tenemos que borrar tres, ¿verdad? – Engracia demandaba información que le sería de mucha utilidad en un futuro próximo – tú, ¿cómo se lo dirías?

– Escueta – contestó – y una a una, no puedes llegar y solicitarle la eliminación de todas las memorias al mismo tiempo.

– ¡Oh! – exclamó alarmada – ¡de una en una!

– Sí, Engracia, de una en una – explicó que cuando ha comenzado el proceso, es muy probable que se puedan borrar en poco tiempo varios recuerdos, la mente está preparada y hasta que ocurran nuevos acontecimientos perturbadores, el Custodio estará receptivo y colaborará – poco a poco, de una en una.

– ¡Menos mal! – se mostró aliviada – temía encontrarse ante un proceso eterno que le impediría sanar la mente de su amada Palmira.

– Le diría: Cree que no merece amor; Sufre por críticas y juicios injustos de los demás; no-adiós. En tres ocasiones diferentes, por su puesto.

– ¿Y nada más? – preguntó Engracia.

– Nada más – fue tajante – no puedo decirle nada más, porque no sé nada más. Él sabe dónde las ha escondido, cómo las ha guardado y por supuesto de qué manera, esa memoria en concreto, puede ser borrada para siempre.

Otro chasquido puso fin a una jornada muy productiva.

VII

Era viernes, y como cada viernes, Berenguela acudía al *Yo Soy* predispuesta a la evasión, aquella semana tenían previsto concretar algún plan para nochevieja. Esa fecha tan señalada se aproximaba y deseaban, más que podían, celebrarla juntas. Las previsiones meteorológicas arrojaban datos sorprendentes, después de muchos años, hablaban de frío. Los más atrevidos, incluso de nieve. Lalit estaba exultante, la alegría se le escapa por los ojos, había encendido la chimenea. Por primera vez desde que aquel templo de la amistad abriera sus puertas, se encendía la chimenea. Cuando decidió destinar el sótano a un espacio de calor y abrigo, muchos lo tacharon de loco y caprichoso… *aquí nunca hace frío*… pero él se limitó a responder convencido… *todo llega*. Y tenía razón. El frío llegó. Lucrecia fue puntual, no pudo resistirse a la magia del fuego y se sentó frente a aquel hermoso festival de llamas y leña a esperar.

La tarde pasó envuelta en una atmósfera muy especial, arremolinadas frente a la chimenea Berenguela y sus amigas disfrutaron trayendo recuerdos al presente. Lo que les parecía extraño era planificar y mirar hacia el futuro con la intención de compartir momentos, para ellas lo natural ahora era encontrarse en el recuerdo. La barbacoa que unos meses atrás las reuniera, ya formaba parte de un pedacito de su vida en común. Berenguela estuvo ausente todo el tiempo. Últimamente se descubría soñando con frecuencia y ese salir de la realidad la hacía sentir más viva que nunca. De vez en cuando miraba a Jimena de reojo y se decía a sí misma… *dile la verdad, no se merece el engaño.* También Jimena la miraba de tanto en tanto recriminándose no haberle contado su intención de marcharse en breve a Valle Azul. Y entre las dos, Palmira, que sin motivo aparente volvía a mostrar nostalgia en su mirada.

Las bajas temperaturas llegaron tal y como las previsiones habían anunciado a bombo y platillo. De ser totalmente ciertas, el frío no les abandonaría hasta bien pasadas las Navidades. No estaban acostumbrados, ni preparados. La gente combinaba como podía su ropa, más preocupada en aliviarse del frío que en guardar la estética y el buen gusto. A Berenguela le pareció una idea maravillosa tejer una bufanda para Nick. Sería su regalo de Navidad. Y no pudo reprimir su sorpresa cuando Mansuara, leyendo el fondo de su taza de café, le dijo un día como quien no quiere la cosa… *harás un regalo a alguien muy especial, verde botella y hecho con tus propias manos… te aseguro que le va a encantar.*

Una vez roto el hielo de los vaticinios, Berenguela comenzó a dejarse adivinar a la menor oportunidad. Dos veces por semana, tenía una cita con su devenir. Cita que Mansuara aprovechaba para dirigirla hacia Nick… *hay un chico muy joven que piensa en ti… habla otras lenguas y su pelo es rojo…* Berenguela sonreía y soñaba. Si las palabras de la vidente eran ciertas, todo presagiaba un maravilloso amor correspondido, un romance como nunca había disfrutado, pero ese chico, se limitaba a mirarla con ternura cada mañana y poco más. Educado y siempre amable, marcaba una distancia con Berenguela que la tenía confundida. Todo parecía que sí, incluso él. Pero no avanzaban en su relación. Nada. Por eso, no le extrañaron las palabras de Mansuara… *el primer paso lo debes dar tú,* no le extrañaron pero sí la desconcertaron.

Al parecer, el fondo de su taza de café, no dejaba lugar a dudas. La disposición de aquellos posos era contundente, él no daría jamás el primer paso... *te toca, Berenguela. Y date prisa, mujer, que no va a estar ahí toda la vida. Recuerda que lo suyo no es desinterés, sino cobardía.*

VIII

– ¿Está resultando duro? – preguntó Otilia – hoy he traído el aroma del mar, como si estuviéramos en la playa con Berenguela y sus amigas, ¿te gusta?

– Con Palmira… – Engracia estaba pensativa – gracias, es muy agradable sentirse como en casa.

– Estás en casa, recuerda – Otilia recriminó a su aspirante el comentario, pero la entendía perfectamente, también ella experimentaba una inexplicable atracción por el mundo de la materia y todo lo que los sentidos humanos podían ofrecer, en concreto, disfrutar de las fragancias de aquel mundo, la enloquecía.

– Tengo ganas de terminar, Otilia, muchas ganas – confesó.

– Pues, ¡a por ello!

SÉPTIMO - ACEPTACIÓN

Debemos aceptar la decisión del Custodio. Puede que no desee borrar memorias o no la que le indiquemos. Si se niega a colaborar, no hay nada que hacer, salvo regresar noche tras noche y aguardar frente a las puertas de la Montaña Fántica a que decida comunicarse con nosotros.

– Ya te dije que si el humano se ama, el custodio colabora…

El manual estaba imparable y al parecer compartía con Engracia el deseo de terminar, por lo que sin más, mostró el siguiente punto.

– ¿Va cada vez más deprisa o me lo parece? – preguntó Engracia refiriéndose al ritmo que el manual estaba imponiendo en su formación.

– Va rápido, sí.

– ¿Sabes para qué?

– No, no sé. Puede que hayamos consumido demasiado tiempo o puede que de por asimilados los conceptos que plantea, no sé.

– Pues no perdamos tiempo – concluyó Engracia.

OCTAVO - OBSTÁCULOS

El principal obstáculo para el borrado de recuerdos dolorosos es el descuido del Custodio por parte del humano.

– Recuerda…

Otilia intentó remarcar la importancia que tenía en todo el proceso el amor del humano hacia sí mismo, pero el manual no estaba dispuesto a volver a escuchar de nuevo tal argumento y para alivio de Engracia que estaba harta de tanto hablar de lo mismo, siguió su camino.

NOVENO - CÓMO CUIDAR AL CUSTODIO

Un humano ama a su Custodio cuando se ama a sí mismo, incluyendo su cuerpo, su alma y su mente.

De nuevo el argumento tantas veces repetido, en esta ocasión Otilia ni se molestó en comentarlo.

DÉCIMO - RESULTADOS

Si NO accede a nuestras pretensiones, fracasamos, pero siempre podemos volver a intentarlo. Tenemos la eternidad a nuestra disposición y el humano, también. Es sabido que con constancia y paciencia finalmente siempre se consigue, si no en una vida, en otra, pero cuanto antes se libre de sus obstáculos, tanto mejor para él porque antes alcanzará la felicidad.

En caso de ÉXITO, el Custodio se dirigirá al lugar de la Montaña donde haya escondido el recuerdo que tanto daño está ocasionando, y lo eliminará para siempre. Para ello empleará el método que considere más oportuno, él decide. Hay múltiples maneras de guardar y esconder un recuerdo, así como otras tantas formas de borrarlos. Una vez se ha eliminado, el humano no vuelve a revivir su efecto jamás y su camino hacia la felicidad se despeja de la noche a la mañana como por arte de magia.

— Nunca se sabe si se eliminará un recuerdo — dijo Otilia — mucho menos, cómo se hará. Cuando le damos la información que nos solicita, El Custodio desaparece de nuestra vista y se pierde en el interior de la Montaña — explicó — y ese es el momento de abandonar la mente. El resto, le corresponde a Él.

— ¿Entonces, cómo sabemos si hemos tenido éxito o si por el contrario tenemos que regresar y seguir intentándolo? — la pregunta era de lo más lógica.

— Si el *Artista* sigue leyendo esas memorias en su partitura personal, es que hemos fracasado. En ocasiones es evidente, solo hace falta observar cómo vive y constatar que se le vuelven a repetir las mismas circunstancias.

Y el cono luminoso se replegó sobre sí mismo dando por terminado el proceso docente, mostró su punto y final y las *gentiles* se esfumaron.

FABIO

I

Era Nochevieja pero a Berenguela no le importaba demasiado, como cualquier otra noche se quedaría en casa y cumpliría escrupulosamente la tradición de tomar uva de postre a la hora convenida y brindar por *el futuro* junto a una copita de champán. Con toda probabilidad el colofón consistiría en irse a la cama y llorar.

Las chicas tampoco compartirían la entrada del nuevo año, cada una tenía su particular plan, incluso Jimena pasaría la noche fuera. Con exquisita delicadeza propuso a Berenguela que la acompañara, pero ésta con idéntica dulzura, declinó la invitación. Aquella noche le pertenecía y deseaba acompañarse de la autocompasión. Además, nunca le habían gustado las noches de obligada alegría y diversión.

Desde muy joven hacía balance del año que terminaba, era una costumbre que le ayudaba a reflexionar sobre lo vivido con el fin de plantear lo que tenía que vivir, desde que Rafael se marchara no había podido hacerlo, pero este año era diferente. Tras apurar su segunda copa y respirar muy hondo, ahí estaba ella con bolígrafo en mano frente a un folio impoluto.

No le resultaba sencillo plasmar lo que había vivido en los últimos meses porque verlo tatuado en papel suponía dotarlo de realidad, pero se lo había propuesto y lo haría. Estaba decidida, no había vuelta atrás.

"He conocido a un hombre maravilloso, pero hoy por hoy, por desgracia, nuestra recién estrenada relación ya está acabada. Sé que no me ama y a pesar de ello algo me empuja hacia él. No hemos intimado, ni un beso, ni un roce, nada, a pesar de nuestra complicidad, mi pasión por él, mi Amor por él, mi deseo por él… en fin, a pesar de mi obsesión por él.

Durante el año que entra he decidido no mentirme y por tanto comenzaré reconociendo que me he vuelto a enamorar. No se trata de un amor al uso, el mío, es un amor insolente. Lo amo y punto. Sentirme correspondida me haría feliz, no te voy a engañar, pero como no gobierno las emociones ajenas y a duras penas puedo controlar las mías, me limitaré a aceptar la situación sin dramas y a celebrar mi recién estrenada honestidad.

Quiero gozar, disfrutar, sentirme plena, descubrirme y sentirme deseada de nuevo. Me pido experiencias maravillosas, si es junto a él, mucho mejor. Y por supuesto, deseo que mi vida fluya con magia y paz.

Esto no es sencillo. No, nada fácil. Sé que no existe traición porque Rafael ya no es mi hombre pero no puedo evitar que mis deseos, mis sentimientos y mis pensamientos me hagan sentir culpable.

Pero se fue. Se marchó. Desapareció y me dejó arrastrando una vida que quería vivir con él y ahora tengo que vivir sola".

A Berenguela se le desbocaba la rabia, se levantó e introduciendo el bolígrafo en el bolsillo derecho de su batín, se dirigió a la cocina con la intención de encontrar algo con qué detener su ira. Rebuscó en el fondo de la nevera y encontró otra botella con la que compartir sus reflexiones. Caminado despacio regresó al salón, llevaba consigo un portarretratos desde el que un inerte Rafael esperaba expectante. No pudo evitar devolverle la sonrisa, lo apoyó en su pecho y se dejó caer sobre el sofá. A él, lo dejo cuidadosamente a su lado, llenando la estancia, acaparando su atención. Berenguela no podía dejar de mirarlo como no pudo evitar bramar con violencia sus palabras. La furia que intentara detener arremetía contra el difunto con saña mientras la culpa le corría por dentro.

– ¡Ya basta! Te fuiste, ¿me oyes? Y yo te necesitaba junto a mí. ¿Qué puedo hacer? He deseado morir tantas veces que sentirme viva resulta confuso. Pero ya te digo que ¡se acabó!, ¡no voy a dejar morir una parte de mí sólo porque tú ya no estés! ¡Has sido tan estúpido, tan idiota, tan egoísta! He decidido cesar mi búsqueda, abandono la caza, ya no me voy a entregar a cualquiera en esa frenética y desesperada carrera hacia tu abrazo. Ya no estás y tu abrazo, tampoco. No deseo encontrarte en otros, ahora tan sólo deseo encontrarlo a él. Y no es fácil sentir así, porque no puedo dejar de llorar y mantengo una cruzada brutal, pero no puedo más. Me hago mayor, la vida se pasa y ya te he dado mucho tiempo, demasiado. Te he querido mucho, muchísimo y en realidad me has cuidado tan poco, apenas nos conocíamos, todo estaba por vivir y te perdí. ¿Cómo luchar contra los sueños, las ilusiones, el hombre ideal y perfecto que mi mente ha tenido que forjar porque en realidad eras un extraño? Mi decisión es firme, lo he meditado, llorado y rechazado para finalmente aceptarlo: él será mi amante y si no quiere, no pasa nada, pero al menos yo he podido tomar una decisión. Y no me importa si te gusta o no. Él, ¡será mi amante! – gritó fuera de sí – ¿te ha quedado claro? Y te repito que si no lo es, será porque él no quiere, no porque no quieras tú. Ya no pintas nada aquí. Te fuiste y todo se acabó.

Rafael la contemplaba desde aquella fotografía tantas veces venerada. Su sonrisa desentonaba. Y aquellos ojos tan llenos de vida, también. Berenguela intentó aligerar su culpa acariciando el cristal, y después el marco para finalmente detenerse en su rostro y musitar su nombre… nada la hizo sentir mejor. Había escupido tanta rabia que ahora tenía la imperiosa necesidad de reconciliarse con lo divino… *Gracias por la abundancia recibida en el año que se marcha y por favor, paciencia, ternura y comprensión para el entrante. No deseo conflicto externo ni interno, sólo Paz y Serenidad, relaciones armoniosas y personas buenas y amables que compartan su tiempo conmigo.*

Y llenó de nuevo su copa.

– ¿Qué es lo que está mal? – preguntó Engracia.

Otilia y su aspirante habían observado con calma y serenidad toda la escena. La prueba que Engracia realizó en Vêkigo fue magnífica y el espontáneo colofón con el que remató sus argumentos, todavía emocionaba a Otilia. Cuando los Maestros dieron por terminada la prueba, ella, solemne y muy respetuosa solicitó permiso para ofrecer su opinión sobre los humanos, y en cuanto éste le fue concedido, comenzó:

"El Ser humano no está solo aunque pase la mayor parte de su tiempo sintiéndose aislado en un cuerpo a través del cual busca afuera lo que en realidad posee dentro. Es un tránsito confuso y complicado el que realizan durante su vida, más que aturdidos, yo diría que están dormidos. Y nosotros, afortunadamente los acompañamos en su sueño, los mecemos y acunamos mientras les susurramos mil nanas a la espera de su despertar.

Si supieran que no están solos, si fueran capaces de sentir nuestra presencia, si nos sintieran a su lado, siempre fieles y leales sin importarnos que error hayan podido cometer, y si además fueran capaces de interiorizar nuestro amor, continuarían dormidos, pero lo harían llenos de fe y esperanza, caminarían regalando sonrisas y palabras de consuelo, serían nuestros testigos y no podrían más que ayudarnos en nuestra encomiable tarea. De ser así, compartiríamos un propósito.

Si tan sólo por un instante, el Ser humano nos aceptara como algo más que una fantasía y se hiciera a un lado para acogernos en su regazo…

Si pudiera, al menos por una vez, dirigirme a uno ellos, le diría:

No renuncies nunca a lo que deseas, hay todo un universo de invisibles a tus pies, para guiarte y servirte de lazarillo. Recuerda, que mientras duermas y habites en esta vida, no tienes nada que temer, cree en lo que a pesar de no poder ver, presientes, y disfruta de todo lo que un batallón de guías podemos conseguir para ti.

Si algún momento tu vida se adhiere al gris, no desesperes, limítate a invocarnos, hazlo a tu manera, no hay nada concreto que hacer, no hay un método o sistema que sea más adecuado que otro, tan sólo hazlo de corazón.

No es necesario que creas en nosotros, porque con independencia de lo que pienses, SOMOS y no dependemos de tu opinión. Así que, si alguna vez te sientes tentado a darte por vencido, ya no sabes qué intentar, ni qué hacer para alegrar tus días, pide y después, serenamente, prepárate para recibir.

Háblanos desde lo más sincero y honesto de ti, y sin pudor, muéstranos tu agradecimiento por lo que ya te hemos concedido. Y quiérete, y al hacerlo olvida lo desgraciado que te sientes o la mala suerte que tienes, sigue adelante recorriendo la vida paso a paso hasta que con una sencillez asombrosa, vaya a tu encuentro todo lo solicitado. Y en ese mágico instante en el que contemples disponible tu deseo, ámalo y recíbelo sin temor porque te lo mereces.

No olvides que aunque camines vacilante y en penumbra, siempre, siempre, sonríe. Nosotros caminamos a tu lado".

Habían regresado con toda la fuerza y energía necesarias para impulsar definitivamente a Berenguela. Engracia estaba deseosa por penetrar en aquella mente sabiéndose al mando. Esperaba cambios, la decisión que Berenguela acababa de tomar los presagiaba. Se mostraba ansiosa por flotar suspendida en rosa sobre La Pradera y poder contemplar la belleza de la Montaña Fántica. Era una privilegiada que gozaba de licencias de las que muy pocos podían disfrutar. La responsabilidad que pendía sobre sus hombros no le pesaba, al contrario, la carga se había convertido en un maravilloso y nada convencional orgullo, que gracias a la flexibilidad de los nuevos tiempos de la Unificación, no la convirtieron en carne de inmediato.

Para las *gentiles*, la confusión que devoraba a Berenguela no era nada nuevo, habían podido contemplar la batalla feroz que se producía en su mente en otras ocasiones, y sabían que tras proyectar odio hacia los demás, finalmente, terminaría por hacerlo contra sí misma.

No obstante, sus sentimientos desconcertaron en cierta medida a Engracia, en Vêkigo el Amor era algo hermoso y deseable, si Berenguela sentía amor, la confusión, la duda y la culpa estaban fuera de lugar. Algo no encajaba.

– ¿Qué es lo que está mal? – repitió – ellos aman de un modo diferente, ¿no?

– No – respondió Otilia tajante – no es eso. El Amor es Amor en Vêkigo, en la Tierra y en el confín de Todos los Universos y nunca, jamás, ¿me oyes?, nunca, jamás – dijo enérgica – se acompaña de emociones dolorosas.

– Pero Berenguela está sufriendo – apuntó la aspirante – lo hemos escuchado de sus labios y lo hemos constatado en su Mente.

– Pero no por Amor. Berenguela sufre porque considera que ama a quien no debe amar. Se ha juzgado y condenado a sí misma.

– ¡Ah! – exclamó sorprendida – ¿para ellos amar es algo que se *debe* o *no debe hacer?*, ¿es acaso un acto voluntario y controlable?

– No.

– ¿Amar puede estar *mal* en alguna ocasión? y… ¿quién es el que juzga?, ¿el afortunado que da amor, el afortunado que lo recibe… otros? – Engracia estaba realmente interesada en desvelar qué misterio se escondía tras esa perturbadora emoción llamada amor.

– Eh…

– Y en ese caso, ¿lo conveniente es ocultarlo? – interrumpió – ¿se puede disimular el amor?

– No…

– Y si es posible, ¿a quién?, ¿a uno mismo?, ¿al ser amado?, ¿a los demás? – estaba imparable y tan absorta en sus reflexiones que el rosa se le enredó en una lámpara y tuvo que fragmentarse en diminutas partículas para volver a recomponerse en ella misma.

– Bueno… – suspendida sobre la alacena del salón, la *gentil* la escuchaba divertida. No cabía duda, este tema le interesaba.

– Y si se esconde con éxito, ¿qué se consigue?, ¿dejar de amar?, ¿hacer lo debido?, ¿para quién?

– ¡BASTA! – exclamó Otilia expandiendo su estela – ya veo que sigues haciendo gala de una curiosidad voraz. Planteas interrogantes interesantes y muy complejos si se contemplan desde la perspectiva del humano. En realidad, desde su visión del amor, éstas son cuestiones de imposible resolución, porque su mundo es relativo y para ellos todo depende de cómo se quieran interpretar las cosas – salió hacia el jardín y arrastró al exterior a una Engracia ávida de conocimientos.

– ¿Entonces? – preguntó temerosa de quedarse sin respuesta.

– El Amor es un sentimiento que surge de la nada y se expande, no necesita que se haga nada porque ante el amor no hay nada que hacer. Jamás puede estar mal. Sea quien sea el ser amado y sean cuales sean sus circunstancias, el Amor siempre es bueno e inevitablemente genera abundancia, es el hombre quien limita su expresión y lo encorseta entre normas y obligaciones, etiquetando y juzgando las emociones y haciendo que algo hermoso tenga que negarse o reprimirse por el miedo a hacer algo indebido – giró y ascendió hasta alcanzar la chimenea de Jimena. Estaba disfrutando, descubriendo que compartir lo que conocía le hacía feliz. Su rosa intenso y brillante la delataba. Aquella estampa, techo púrpura con fondo estrellado, era magnífica – desde el Amor – prosiguió – es imposible hacer algo indebido, si te encuentras en una encrucijada y uno de los caminos indica Amor, no dudes, que no te importen las trabas que creas encontrar, ese es el camino correcto.

– ¡Oh! ¡Qué bonito! – exclamó Engracia al tiempo que danzaba en pirueta.

– El mensaje, por tanto, es claro y conciso: No hay que renunciar al Amor.

Berenguela, a su manera, había alcanzado una conclusión similar y estaba dispuesta a no impedirse el sentimiento que comenzaba a brotarle, le permitiría crecer dejando a un lado las bobadas sociales. La reciprocidad no le importaba. La diferencia de edad, tampoco. Su abismo social y cultural, no lo consideró. Había decidido amar. Ella creía que no tenía nada mejor que hacer, mientras Otilia sabía que, en realidad, no tenía nada más que hacer, como sabía también que lo que Berenguela sentía no era amor, sino ilusión. Ilusión y la necesidad de sentirse deseada. Estaba despertando de nuevo a la vida y algo desde lo más profundo de su ser la animaba a vivir y dejarse llevar por emociones y deseos que había enterrado junto a Rafael.

Pero era humana, y como tal tenía que etiquetar y dar un nombre a lo que sentía, tenía que cumplir con esa costumbre tan suya de clasificarlo todo, incluso las emociones. Declarar que había vuelto a enamorarse, podría hacerla sentir culpable, pero de algo bello, hermoso e ingobernable. Sin embargo, reconocer que le encantaba la idea de sentirse deseada de nuevo y que la motivación que subyacía a su relación con Nick no era más que la pasión y la ilusión, le resultaba inadmisible. No amaba a Nick, sino las sensaciones que despertaba en ella.

Otilia, como experta en mentes, sabía que los humanos no dudan en poner a una cosa el nombre de otra, si eso les hace sentir mejor. Puede que en un primer momento sean conocedores del autoengaño, pero en poco tiempo, la verdad se les borra. Dos costumbres desafortunadas y absurdas que ella, a pesar del amor que profesaba a estos seres, era incapaz de entender: poner nombre a todo, incluso a las emociones y la asombrosa facilidad que mostraban para engañarse a sí mismos. Desde su perspectiva, no tenía mucho sentido poner nombre a algo que no ven, no escuchan, no huelen, ni saborean, ni tocan. Etiquetar una emoción, ¿¡qué ocurrencia?!

II

Decididamente estaba nervioso, continuamente dirigía su mirada hacia la puerta temiendo, más que deseando, verla. Había determinado no pensar demasiado en lo que sentía hacia aquella mujer y limitarse a vivirlo con toda la naturalidad que la situación permitiera. Lo suyo no había sido un flechazo, al contario, tardó tiempo en reparar en ella y es que Berenguela era una mujer mayor, muy mayor, tanto que al principio incluso le hablaba de usted como muestra de respeto.

La primera vez que se descubrió pensándola sintió una inquietante sorpresa aunque no hizo demasiado caso. Pero tras pensarla, comenzó a esperarla. Y rápidamente, pasó de la espera al anhelo y sin saber cómo ni mucho menos por qué, al deseo. En ese instante sucumbió. Se supo perdido. Vulnerable. Sabía que sus ojos lo delataban, y la sonrisa bobalicona con la que la recibía cada mañana, también. Como lo hacía el hecho de no hacerla esperar sin importar las circunstancias de la cafetería, y tartamudear al sentir vergüenza por su entrecortado y defectuoso acento.

Cambió de turno semana sí y semana también para poder verla. Y se negó a disfrutar los días libres que desde hacía un año le debía la empresa. Podía renunciar a muchas cosas, pero no a la compañía que aquella mujer, quince minutos, veinte a lo sumo, le ofrecía cada día.

Suponía que los sentimientos que evocaba en ella poco tenían que ver con el deseo y el amor, a pesar de que Berenguela le demostraba afecto continuamente, desde el primer momento, incluso en sus silencios, percibía y recibía su cariño. Pero deseo… no, ni rastro de pasión. Sus atenciones eran inocentes, sus demostraciones fraternales. Lo cuidaba a través de la protección y el mimo, pero pasión… no.

Cuando se vieron sorprendidos por extraños días de frío, le obsequió con una bufanda preciosa, caliente y suave de color verde botella, su preferido. Nunca supo que la había tejido con sus propias manos. No se la puso jamás. No podía. La guardó en el primer cajón de su cómoda, en un santuario muy particular donde dejaba descansar a sus tesoros más preciados. Junto al libro. Su libro. Aquel que le llegó llovido del cielo a través de sus manos y que tampoco pudo leer. Apenas consiguió ojearlo. Olerlo y acariciarlo, siempre… *habla de comienzos y sueños. De amor y miedo…* le había dicho. No, no podía leerlo. Temía seguir conociéndola porque le aterraba enamorarse de lo imposible.

Y ahora su padre había enfermado y reclamaba su atención. Casualmente por esos días, había quedado vacante un puesto de camarero en la estación. Era perfecto para él, le permitía estar cerca de su padre y apoyarlo en aquel trance, por lo que aprovechó la oportunidad y aceptó el cambio. Todo había ocurrido muy rápido y de la noche a la mañana o mejor dicho de viernes a lunes, comenzaría una nueva etapa laboral y también personal. Pero ella…

No quería declararle su amor. ¿Qué amor? Se reiría de él. ¿Qué podía ofrecerle? Pero tenía que despedirse. Orquestó un plan que incluía bombones y una insinuación. Le entregaría aquel paquete y le pediría que lo abriera a solas. No pretendía hacerse el interesante ni crear misterio, pero pasar vergüenza, tampoco.

Sin embargo, aquella mañana, su última mañana, Berenguela no tomó el tren. La primera vez en meses… *¡qué rabia!* Tendría que ser Helena, su sustituta, quien le ofreciera el regalo.

– Helena, por favor, quiero que entregues esto a una clienta el lunes – dijo Nick con su habitual acento mientras le entregaba una bolsa de papel.

– Claro, claro – respondió la muchacha tomando distraídamente el paquetito – ¿a quién?

– Es una señora – explicó sintiéndose extraño por referirse a Berenguela en esos términos – que viene cada mañana a desayunar. Hace parada en Llovizna, es la guía del Museo de Chocolate. Siempre pide café con leche corto de leche y una galleta de limón. Se llama Berenguela y se sienta ahí – dijo señalando con el índice un asiento junto al ventanal.

– Beren… ¿qué? – preguntó Helena mientras guardaba aquellos bombones con sugerencia en un armarito.

– Berenguela – respondió Nick saboreando cada letra – Berenguela.

– No te preocupes, se lo daré. ¿Le digo algo?

– No, no hace falta – respondió sonrojándose – sólo dale la bolsa de mi parte.

La nota era tan escueta como insinuante y culminaba con una rúbrica numérica con la que Nick la animaba a seguir conociéndose. Le confesaba cuánto le gustaría seguir viéndola. Reconocía que aquello podría resultar extraño e incluso improcedente dadas las circunstancias. La diferencia de edad entre ellos era tan grande que sólo podían compartir su presente. Pero, ¿acaso tenían otra cosa? Marcharse le entristecía y hacerlo sin despedirse, mucho más. No quería desaparecer sin más, así de repente. Le espantaba ese punto y final en el comienzo de su historia, le confesó cuanto le gustaba tenerla en su vida y se preguntaba si a ella, de algún modo, le pasaba lo mismo. Por supuesto, pedía disculpas por anticipado, no sabía si le parecía atrevido o incluso si aquellas palabras la incomodaban, pero se estaba limitando a seguir los dictámenes de su corazón.

Fabiola, brillando en azul, había sentido la emoción de Berenguela al leer aquella nota, así como la Paz que la embargó a continuación como inequívoca confirmación. Él era sincero y aunque no sería el definitivo, no importaba. En ese momento, una relación con Nick era lo conveniente para ella, pero los celos se habían instalado en Fabiola con tanta furia que aquella noche, en susurros mecidos por el desprecio pronunció… *estás agotada, quédate en la cama, es viernes y con el fin de semana por delante podrás recuperarte y comenzar la semana sintiéndote mejor… sólo es una mañana.*

Y se quedó suspendida en sí misma contemplando el cuerpo dormido de Berenguela, despreciándola y preguntándose qué vería su Nick en aquel Ser tan insignificante.

Al día siguiente, Berenguela guardó cama.

Cuando quiso incorporarse a su rutina, Nick ya no estaba. Ni rastro del muchacho pecoso ni de su dulce despedida. Las leales y diligentes *fortunas* estuvieron muy ocupadas precipitando acontecimientos que solo satisfacían, como no, los miserables instintos que crecían en Fabiola.

Dos días antes, el sábado, Helena estrenaba trabajo y su marido decidió sorprenderla con una visita inesperada. Llevó con él a su pequeño diablillo de cuatro años que entretuvo el tiempo jugueteando con cucharillas de café, tazas y todo lo que encontró a su paso. Los bombones destinados a Berenguela le resultaron deliciosos y romper en mil pedazos las palabras de Nick, entretenido. Al finalizar su jornada, justo en el último escalón del tren, Helena tropezó y cayó con tan mala suerte que se fracturó el tobillo. Carreras, urgencias, quirófano y algunos meses de reposo.

– Café con leche, corto de leche y una galleta de limón, por favor – pidió Berenguela al señor que encontró tras la barra. Buscaba con los ojos a Nick, pero ni rastro. Miraba hacia la puerta con insistencia, pero nada… *¿estará enfermo?... ¿días libres?* Pero fue un… *se ha marchado para siempre,* lo que la hizo estremecerse y reconocer en su escalofrío que ese presentimiento era acertado. – ¿Y Nick? – preguntó armándose de valor.

– ¿Quién? – fue lo que obtuvo como respuesta.

– Nick, el chico que trabaja aquí. ¿Se ha ido de vacaciones? – todavía estaba esperanzada.

– No, de vacaciones no – respondió – yo estoy cubriendo a una chica que está de baja, Helena creo que se llama, se cayó el sábado y se rompió el pie. El de antes – indicó sin mirarla – ya no trabaja aquí.

III

Era día de mercadillo en La Caleta. Mansuara y Berenguela charlaban animadamente, la viuda tenía muchas preguntas sin respuesta y necesitaba hablar con libertad a la espera de satisfacer su curiosidad. Con sus amigas no sentía la confianza necesaria para sincerarse, ya no. Siempre la habían tachado de alocada e irresponsable, y si ser una soñadora y vivir al margen de lo convencional se correspondía con ser una loca, tenían razón. Pero se equivocaban al pensar que ella estaba por encima de sus opiniones. Sufría con cada crítica y cada juicio recibido, pero ¿qué podía hacer? Si su inesperado matrimonio afianzó su fama de díscola, fue su igualmente inesperada viudez la que le consiguió un respiro. Ahora era una pobre viuda que luchaba por salir adelante y superar su dolor. Con esta etiqueta se encontraba más cómoda. Sus amigas se preocupaban por ella, se interesaban por su día a día y por primera vez, se sentía plenamente integrada en aquel pintoresco grupo. De ninguna manera enturbiaría la opinión que tenían de ella, ahora que se sabía aceptada, no dejaría que desvelar sus verdaderas emociones hacia Nick estropeara su nueva imagen.

– ¿Comemos juntas? – preguntó Berenguela, estaba ansiosa por contar a Mansuara que ese pelirrojo que tanto salía en las cartas, se había marchado sin decir adiós.

– ¡Claro! ¡Me encantaría! – respondió sincera – ¿vienes a casa?

– Bueno, había pensado comer en la mía, pero como prefieras…

– El lugar es lo de menos, pequeña – estaba contenta, le gustaba la compañía de esa mujer – más tarde lo decidimos, ahora voy a atender.

Un cliente esperaba. Era un muchacho rubio y regordete, con ojos azules y labios rosados a conjunto con sus mejillas, que mantenía sus brazos cruzados sobre el pecho como si estuviera abrazándose a sí mismo. Se balanceada con lentitud y movía su pie derecho arrítmicamente. Parecía nervioso.

– ¡Hola! – exclamó Mansuara tomado asiento frente al chico – soy Mansuara, habitante del mundo que no se ve y de este también – formuló su teatral y acostumbrada presentación terminando por fijar sus ojos en su nuevo cliente – ¿En qué puedo ayudarte?

– ¡Soy yo, Mansuara! ¿¡Puedes creerlo!? – estaba agitado, su voz era aguda y el vaivén de su cuerpo se convertía por momentos en sacudida – ¿¡Qué ha pasado!?

– ¿Disculpa? – la vidente estaba desconcertada, no entendía nada, su comportamiento le parecía fuera de lugar y así se lo hizo saber – no comprendo, ¿quién eres?

– ¡Fabiola! – gritó aproximando su silla a la de Mansura tanto, que casi se sienta sobre ella – ¿puedo darte un abrazo?

– ¡¿Fabiola?! , ¿nuestra Fabiola? – preguntó bajando el tono de su voz sin poder evitar el intenso abrazo que ésta le propinó.

– La misma, Mansura, la misma – estaba aterrada – ya decía yo que tramaban algo, ya lo decía yo. ¡Y mira!

– Suelta, suelta – intentaba desprenderse de los brazos de la *igual* – pero, ¿qué has hecho, insensata?, ¿qué has hecho?

– ¡Ay, Mansuara! – exclamó apenada – me he portado muy mal con Berenguela, la pobre. Pero… esto es demasiado… hacerme carne…

– Fabiola, escucha con atención, no tengo respuestas, pero si algo sé es que… y escúchame bien, aunque seas de carne y hueso, no te han convertido en carne – se expresó con lentitud y midiendo sus palabras.

– No te entiendo, soy de carne… mira, mira – dijo mostrándole uno de sus brazos.

– Yo también soy de carne y hueso, pero no soy humana – reiteró – puede, y digo que puede, insisto en que no tengo respuestas, que te hayas convertido en un ser de carne y hueso pero no en humano.

– ¿Tú crees? – había esperanza en su voz.

– Yo no sé nada, Fabiola, sólo que tenemos que esperar para ver qué ocurre – la vidente pensaba en voz alta – y por supuesto, no puedes llamarte Fabiola, lo vamos a dejar en Fabio y ya veremos.

Mansuara declinó amablemente la invitación de Berenguela y ésta suspiró resignada, tendría que posponer para otra ocasión los motivos de su recién estrenado desamor… *mi sobrino, sí… por sorpresa, no te imaginas lo sorprendida que me he quedado… tenemos pendiente una comida, ¿eh?*

IV

Todos en Vêkigo sabían que cuando un guía se convertía en carne, renacía desde cero, con la memoria borrada y sin más dones que los puramente mundanos. Sin embargo, Fabiola se había encarnado con sus recuerdos intactos, sabía quién era y también todo lo que concernía a su labor.

Mansuara determinó que se iría con ella a su empedrada casa y cuando Fabiola, perdón Fabio, le preguntó angustiada… *¿y qué vamos a hacer?...* apenas acertó a pronunciar… *esperar.*

Y esperaron, entre abrazos, llantos y mucho chocolate. Fabiola se entretuvo el resto del día regalando sus abrazos a todo aquello que sus brazos pudieran rodear… sillas, almohadas, cojines, a la buena y paciente Mansuara cuando se relajaba y cómo no, a sí misma.

— ¿Por qué me habrán convertido en hombre? – preguntó.

— No sé… no sé nada – y era sincera – esta noche saldré al mar a preguntar por ti, si eres totalmente humana, me contestará.

— ¿Y si no lo soy? – preguntó preocupada.

— No sé, Fabiola, no sé – de nuevo hablaba con lentitud, pensando cada una de sus palabras – confía y espera, sabes que siempre llegan respuestas.

– Gracias por estar a mi lado – respondió, y antes de terminar esa hermosa frase, se convirtió en una bella y brillante luz azul. En algún lugar, no muy lejos de allí, Berenguela se había quedado dormida.

Aquella súbita transformación supuso un inmenso alivio para Mansuara, ingenuamente esperaba que todo se tratase de un escarmiento pasajero y nada más. Se equivocaba.

A sabiendas de que Fabiola no era humana, tomó su barca y se dispuso a adentrarse en el mar, necesitaba respuestas. Sin demasiada convicción, pero siempre con la certeza de ser escuchada, lanzó sus dudas al infinito y se sentó a parlotear con los peces a la espera de saciar su curiosidad. Fabiola, aturdida pero más tranquila, transformó su luz en un elegante traje de noche, complementos magníficos y zapatos de tacón, y se dispuso a flotar alrededor de Mansuara, la barca y los peces, mientras temía volver a convertirse en carne en cualquier momento, o terminar desapareciendo definitivamente en la nada. Si eso ocurría, al menos, había sentido el calor de los abrazos, aunque fueran los de Mansuara y saboreado el delicioso dulzor del chocolate.

Y los peces le contaron que Fabiola no había sido castigada, al contrario, su afición por los abrazos y los excesos con el chocolate, recomendaban una forma humana masculina, ya que a ellos se les perdona con facilidad cualquier exceso carnal, sea éste del tipo que sea.

Pronto se desveló el misterio que envolvía a Fabiola. La *igual*, ahora se consideraba en Vêkigo un *híbrido*, se trataba de un nuevo tipo de guía surgido como consecuencia de los caprichos de la Unificación, y éstos, mantenían sus funciones y características habituales, pero de tanto en tanto, se convertían en seres de carne y hueso. Tenían la obligación inexcusable de pasar la mayor parte de su tiempo junto a su humano con el único propósito de enseñarle a amarse. Los *híbridos* eran escasos y estaban muy repartidos a lo largo de todo el planeta, precisaban de un humano multicolor con mente musical, y además, que la relación entre ellos fuera, por decirlo de un modo amable, poco satisfactoria. Se trataba del comienzo de algo inmenso y que estaban seguros arrojaría unos resultados espectaculares. En poco tiempo, poblarían el mundo de *híbridos* y cada humano dispondría de la valiosa e increíble compañía de alguien empeñado en conseguir que amara, por encima de todo, a su propio Ser.

Explicaron que mientras Berenguela durmiera, Fabiola sería una fantástica luz azul con todas las características propias de ser un *igual*, sin embargo, en el momento en que despertara, se convertiría en un humano, en Fabio.

Cuando regresaron a la orilla, Mansuara se dirigió hacia Fabiola para decirle con contundencia… *¿has oído?... pues ya sabes, mañana mismo te presento a Berenguela.*

MATILDA

I

Matilda estaba arrodillada en el suelo, muy cerca del Agua Azulada y tan concentrada en su tarea que no pareció percatarse de la presencia de Engracia. Diligentemente y con mucho cuidado, empaquetaba el recuerdo de Nick. Para la ocasión había seleccionado una caja de madera y acero, tras clavetear su tapa y envolverla con gruesas cuerdas, consideraba la posibilidad de sumergirlo en la tristeza de Berenguela y así, completar el recuerdo de ese muchacho con una molesta melancolía. Todavía no había decidido donde ubicarlo y optó por conservarlo en la mochila que llevaba a su espalda, junto a otras memorias que tarde o temprano tendría que esconder en algún lugar de aquella mente.

Como siempre, vestía un desmangado azul marino de falda tableteada y una camisa beig de solapas picudas. Peinado habitual, dos hermosas y negras trenzas separadas por una perfecta raya en medio de su cabeza. Sus ojos eran grandes con largas pestañas, labios finos y nariz diminuta.

Era una niña muy menuda y delgaducha que aparentaba siete años, y con frecuencia exhibía moratones y arañazos en sus piernas y brazos. Un día, incluso se presentó ante Engracia con un mordisco en una de sus mejillas, fue el primer día que ésta la pudo observar de cerca y comprobar la soledad que mostraban sus ojos. No le habló, aunque deseó abalanzarse sobre ella como lo hiciera en su día con Palmira, para regalarle su rosado abrazo. Se contuvo, siguió el protocolo establecido y esperó. Y tras semanas de espera empezó a comprender lo que la paciencia infinita significaba. Durante esos encuentros, Otilia aguardaba expectante, observaba en la distancia el nerviosismo de Engracia y los paseos de Matilda, arriba y abajo, siempre con su mochila a la espalda. Había días en los que se sentaba y sumergía los pies en el Agua Azulada. Otros, aquellos en los que Berenguela se encontraba alborotada y con las ideas confundidas, no abandonaba la seguridad que la Montaña le ofrecía.

Sólo en una ocasión se dirigió a Engracia y con un despotismo fuera del alcance de cualquier infante, le hizo saber que en aquella mente no había sitio para dos *gentiles… dile a aquella que no vuelva más…* y esa fue la última vez que Otilia pudo contemplar aquella hermosa mente musical.

Esa noche, mientras envolvía el recuerdo de Nick, Matilda canturreaba. Parecía repetir un mantra aunque tan sólo mascullaba… *adiós.* Previamente había elegido con precisión qué envoltorio utilizar para enviar el recuerdo al limbo, y es que, no todos los recuerdos corren la misma suerte. Cada uno ocupa exactamente su lugar y se guarda de un modo concreto. Los recuerdos de desamor y decepción, aquellos que dejan una profunda y dolorosa huella difícil de eliminar, esos para los que no importa el tiempo que transcurra ni las experiencias que se vivan porque si en algún momento son traídos al presente se reviven como si del primer día se tratase, para esos, caja de madera y acero con cadena gruesa alrededor y en ocasiones incluso, candado de descomunales proporciones. Después, se deben sepultar en las entrañas de la montaña tan profundo, que el humano crea haberse desprendido de él, para de vez en cuando, si una canción, un perfume o un rostro familiar lo evoca, Matilda pueda correr a liberarlo y dejarlo plantado en el centro de la Pradera para que ocupe y preocupe, durante días, la mente y la vida de Berenguela. Y así, una mente que se creía a salvo, de la noche a la mañana desanda el camino del olvido. Pero el recuerdo de Nick era especial y por alguna razón Matilda se resistía a sepultarlo.

Esa niña podía eliminar de aquella mente todos sus recuerdos dolorosos, y todas las memorias que Berenguela repetía a lo largo de su vida. Podía, literalmente, liberarla de todos los bloqueos y obstáculos que le impedían alcanzar su felicidad. Qué haría en cada momento parecía ser fruto de su capricho, pero no era así. El amor de Berenguela hacia ella, era la clave. Si se sentía amada, triunfaba su benevolencia. Estaba contenta, feliz, juguetona, rebosaba ternura y deseos de retozar en un Pradera repleta de pensamientos mullidos y esponjosos.

Y contentarla era tan sencillo… hablarle con ternura, reconocer su existencia y decirle cada mañana… *te amo, gracias por cuidarme, gracias por elegir para mí los mejores pensamientos porque ellos crearán mi mejor realidad, gracias por estar siempre a mi lado, gracias por velar mi sueño, gracias por esperar y confiar en mí, gracias por existir.*

No sólo disfrutaba con el carnaval de la gratitud, también le encantaba un sueño reparador, escuchar piropos ante el espejo, reír, jugar, la comida saludable, momentos de silencio, muchos momentos de silencio en los que podía escuchar nítidamente los anhelos y deseos de Berenguela y cómo no, las pinceladas de placer que le proporcionaba contemplar la grandeza de la naturaleza o fundirse en otros brazos. Cuando Berenguela disfrutaba de una puesta de sol o se detenía ante un recién nacido, en esos instantes en los que se quedaba suspendida en el presente y todo parecía detenerse, Matilda gozaba y era inmensamente feliz.

Pero Berenguela no amaba a Matilda, en absoluto. Y no podía hacerlo porque ni siquiera conocía su existencia, y además, aprovechaba cada oportunidad que se le presentaba para arremeter contra sí misma. Cada ataque contra ella misma era un ataque contra Matilda y en los años que llevaban compartidos, la pobre niña se encontraba magullada, dolorida, resentida y en muchas ocasiones, muerta de miedo.

II

La llegada de Fabio a la vida de Berenguela fue un soplo de aire fresco, una bendición caída del cielo, y nunca mejor dicho. El peculiar sobrino de Mansuara, resultó ser tremendamente divertido, tierno, amoroso e ingenuo, justo la compañía que la viuda necesitaba. Cuando le preguntó por el esmalte de sus uñas, respondió con inusitada naturalidad… *soy una mujer que han atrapado en el cuerpo de un hombre, ¿te lo puedes creer?*... y Berenguela, entendiendo lo que no era, sintió que algo despertaba en su interior y decidió, en ese instante y para siempre, que pasara lo que pasara ella apoyaría en su lucha a aquel ser tan especial.

Tenía un no sé qué, que lo hacía irresistible, llevarle la contraria no era complicado, sino imposible, desprendía Paz. Pronto se hicieron inseparables, y el viernes en el que Jimena le confesó ante un *Peligro* y entre sollozos, que en unos días cruzaría al otro lado del mar para continuar con su labor humanitaria, la descabellada idea de vivir juntos les pareció una opción de lo más razonable… *¡es genial!, ¿no te parece?*... preguntó Jimena a una Berenguela pensativa… *¡a mí me encantaría!, mi tía se marcha de viaje y no quiero estar solo...* mintió Fabio aprovechando la oportunidad.

Y no hizo falta mucho más, Jimena pudo acallar la culpa que sentía al emprender una nueva vida dejando a su amiga sola, sin trabajo, sin marido, en definitiva, abandonada a su suerte en aquella urbanización de malditos. Compartir techo con Fabio sería cuanto menos, estimulante. Además, hacía unos días que el yayo Lisardo había regresado, tenía por costumbre desaparecer de tanto en tanto, justificaba sus idas y venidas alegando visitas a un hijo que nadie conocía, pero Jimena sospechaba que en realidad, sus ausencias las llenaba con descanso en alguna institución mental. ¡Y falta le hacía a aquel desgraciado!

Para Fabio, vivir junto a Berenguela suponía una maravillosa oportunidad en la que disfrutar el máximo tiempo posible de ella y poder cumplir con la encomiable tarea que le habían impuesto: enseñarla a amarse.

Mientras tanto, Berenguela se encontraba inmersa de lleno en un nuevo y particular cambio de rumbo en su vida, sin pedirlo ni tan siquiera ser consciente de este nuevo giro del destino, comenzaba a recorrer con pasos titubeantes y aferrada a la mano de Fabio, el camino de retorno hacia sí misma.

Todo resultó rocambolesco y extraño, pero las *fortunas* y sus carambolas divinas eran las responsables de estas casualidades y sincronías. Cada acontecimiento acaecido era el correcto y perfecto dadas las circunstancias.

A las dos semanas de conocerse, Fabio y Berenguela compartían vecinos.

III

Berenguela y sus amigas llevaban semanas organizando una comida en el chiringuito de la playa. Finalmente, sus agendas se organizaron para permitirles el encuentro, no así para despedir a Jimena, que hacía dos meses había abandonado sus estudios y cruzado el mar. El menú acostumbrado, ese que comprendía sardinas y mucha cerveza, era el que presidía la mesa. Fabio prefirió optar por unas deliciosas y humeantes patatas al horno que adornó con lechuga y tomate. Era vegetariano, idolatraba el chocolate y solo ingería agua, eso sí, ésta debía provenir de un recipiente de cristal azul y haber estado expuesta al sol al menos durante una hora. Fabio y sus cosas…

– Gracias – dijo Fabio.

– De nada – respondió desconcertada Tomasa.

– Jajaja – rió Berenguela – no te lo dice a ti, se lo dice a ellas – y señaló el plato de patatas que tenían delante.

– ¡Ah! – exclamó añadiendo mentalmente a su larguísima lista, una extravagancia más del nuevo amigo de Berenguela.

Todas rieron, incluso las *gentiles*, flotando en rosa sobre el techado de paja del chiringuito, aumentaron su vibración y giraron sobre sí mismas como muestra de alegría.

La escena estaba capitaneada por el *sentido del humor*, cientos de pajarillos verdes que revoloteaban enredándose en su vuelo mientras ocupaban gran parte de aquella maravillosa playa. Y las luces doradas, anaranjadas, rosas e incluso violáceas, que iban y venían por doquier alegrando y coloreando la vida de aquellas hermosas mujeres. Y de tanto en tanto, burbujas rojizas aparecían y explotaban.

Fabio se había adaptado de maravilla a la vida en Los Frutos, las críticas y las burlas que escuchaba a diario le traían sin cuidado. Pronto se acostumbró a leer los carteles que aquellos cobardes dejaban a la vista y alcance de todo el mundo, y que perseguían el despreciable propósito de humillar a aquel chico raro que ahora vivía con la viuda en casa de Jimena. No aceptaban sus tacones, ni sus pamelas estrambóticas. Odiaban, vete tú a saber por qué, sus uñas decoradas en azul, pero sobre todo, no podían soportar su maléfica costumbre de sonreír todo el día respondiendo con un *gracias, te amo* a cada mirada de asco y desaprobación que recibía. A Fabio, las opiniones ajenas no le afectaban en absoluto. Berenguela creía que era una pose de hombre curtido que se había fortalecido a base de golpes, a costa de caer y volver a levantarse, pero estaba equivocada. De nuevo.

Fabio disponía de una protección divina frente a las críticas y opiniones de los demás.

— Admiro la entereza que muestras ante el rechazo — le confesó un día Berenguela entre sollozos tras un desagradable desplante vecinal.

— No llores, no pasa nada — fue su respuesta — a mí, lo que piensen los demás no me afecta, no me duele.

— ¡Pobre! — y explotó a llorar sin consuelo — ¡qué injusto!

— De verdad, Berenguela — le dijo afectuosamente mientras la abrazaba — sus ideas no pueden entrar en mi mente, sencillamente rebotan, y si no forman parte de mí, no tienen ningún poder, no son nada.

– ¡Eres increíble, Fabio!

– Gracias, te amo – dijo sonriendo – deberías probarlo, es maravilloso ser el único dueño de tu mente sin interferencias ni desperdicios ajenos.

Y era totalmente sincero y además, literal. Un escudo protector evitaba que en su mente penetrara cualquier pensamiento que no le perteneciera. Vivía en libertad y se sentía absolutamente feliz. Era quien era sin importarle la opinión de los demás. Y por encima de cualquier otra cosa, suponía un fantástico ejemplo para Berenguela y todo aquel que disfrutara de su compañía.

La primera noche que pasaron juntos en casa de Jimena, el primer día de la nueva e improvisada vida de Berenguela, Fabio la dejó sin palabras, cuando ésta se quejaba de su mala suerte… *vuelta a empezar, ¿te lo puedes creer?, sin trabajo, sin familia y lo que es peor, sin ganas ni ilusión… a estas alturas de la vida y no tengo nada…* Fabio la miró sonriendo, y con toda la verdad del mundo en sus palabras le dijo… *es la situación perfecta y correcta para este momento de tu vida, créeme. Hasta que encuentres otro trabajo o algo en lo que ocupar tu tiempo, ¿qué te parece si lo empleamos en hacer algo importante, algo único y grandioso que nadie puede hacer por nosotros? ¿qué te parece si invertimos nuestro tiempo en ti?¡Será divertido!*

Y sin saber por qué, ni para qué, Berenguela accedió.

Comenzaron por algo sencillo, cuidar y amar todo lo que terminara, de algún modo, formando parte de ella… la comida y la bebida, pero también las compañías y las conversaciones incluyendo las de Berenguela consigo misma.

Fabio tenía predilección por la fruta de color rojo, moría por las fresas y los arándanos. Bebía agua compulsivamente y siempre, siempre, daba las gracias y decía a sus alimentos que los amaba. A Berenguela estas peculiaridades le divertían, y si bien no las imitaba, sí las tenía en cuenta a la hora de elegir qué alimento o bebida iba a *formar parte de su cuerpo*, como decía Fabio. Casi sin darse cuenta y como si se tratase de un juego, comenzó a elegir qué comer y qué beber, optando casi siempre por alimentos frescos y cocciones saludables. Aunque la cerveza le encantaba, ahora disfrutaba de la frescura del agua en más ocasiones.

– Estar junto a Berenguela me hace inmensamente feliz – confesó Fabiola a las *gentiles* – no sé cómo he podido ser tan estúpida.

– No lo pienses más, sabes que las cosas aunque no lo parezcan, siempre son como tienen que ser – dijo Otilia.

– Tienes razón, ¿y cómo os va con el Custodio? – preguntó interesada. Era consciente de los cambios que se estaban dando en la vida de Berenguela, sin duda, su mente estaría cambiando también.

– Que te lo diga ella – dijo Otilia algo molesta – hace semanas que Matilda, como le gusta hacerse llamar, no me permite la entrada.

– ¡Ah! – exclamó.

– Pues – comenzó Engracia encantada por su protagonismo – apenas he hablado con ella, o mejor dicho, apenas me ha dicho nada, pero el Triunvirato del Arpón está a raya, en la Pradera abundan los pensamientos positivos y el Agua Azulada apenas es una laguna. Las esferas musicales aparecen por todas partes y suenan a gloria la mayor parte del tiempo, Matilda incluso baila a su son y muchas veces improvisa canciones en un lenguaje propio que solo ella comprende.

– ¿Ha preguntado?

– No, no ha preguntado nada – explicó – pero todos los días se presenta ante mí, me sonríe y corretea arriba y abajo con su mochila a la espalda. No parece la misma que hace unos meses, yo creo que el día menos pensado…

– Seguro, eso seguro – aseveró Otilia – paciencia infinita…

– Ya, ya – dijo Engracia – y tan infinita.

– Esta noche voy a susurrarle *tenis, deporte, carmín, risas… gato* – dijo Fabiola contundente – y nada más.

– ¿Y nada más? – Otilia seguía desconfiando de la *igual*, esperaba que no estuviera tramando algo de nuevo.

– Exacto, nada más.

Fabiola, brillando en azul, había descubierto un encuentro inesperado que incluía un escueto café acompañado de una profunda decepción. También el regreso a La Caleta y una sentida y sufrida visita al cementerio. Calló, Berenguela volvía a sonreír, no quería dirigirla hacia ningún momento de tristeza o dolor, ahora que comenzaba a vivir mirándose con amor, no. Lo conveniente para las dos era continuar como hasta ahora, aprovechando cada instante de la vida para cuidarse y disfrutar.

IV

Aquella mañana Berenguela despertó con unas inusitadas ganas de calzarse unos deportivos y salir a correr por el Parque del Nogal. Nunca lo había hecho antes, pero tenía un compromiso consigo misma, había decidido cuidarse, y ponerse en forma bien podía formar parte del plan… *cuando se lo diga a Tomasa no se lo va a creer.*

Todos sus esfuerzos resultaron infructuosos, Fabio se abrazó a la almohada, y dándole la espalda gimoteó… *déjame, por favor, otro día si eso… otro día.* La estampa era impactante, 1'90 mt de muchachote, acurrucado dentro de su camisón azul turquesa durmiendo con la placidez de un bebé… *¿y esas uñas?... ¡jajaja!, ¡está como una cabra!, ¡me encanta!...* y uñas carmesí. Compartían cama y muchos abrazos desde el mismísimo día que compartieron techo. Con Fabio todo era natural y no había nada más natural que el que dos personas se dieran afecto.

Haciendo gala de mucho sentido común optó por corretear alrededor del parque. Nada de aventurarse por las afueras o senderos solitarios. Para la primera vez, mejor un lugar donde poder sentarse a descansar y disponer de auxilio si las fuerzas flaqueaban.

Apenas había dado la primera vuelta cuando se cruzó con Nick. Y tras la sorpresa inicial, un saludo bañado en estupefacción, dos tímidos besos y un *¡hola! ¿cómo estás?, ¿tomamos algo?* que tuvo que pronunciar él, porque a ella le faltaba el aliento y no precisamente por el esfuerzo físico. Habían transcurrido cinco meses y tres abrazos desagradables desde la estampida, por suerte ninguno desde que Fabio estaba en su vida.

¿Y ahora… él?

Berenguela, desoyendo un pálpito que le gritó aterrorizado… *¡no vayas! ¡ni se te ocurra!,* accedió a la proposición de Nick, porque ingenuamente pensó… *¿qué puede salir mal?* Si la vida había organizado para ellos este reencuentro tan *casual* no sería en vano. Creyó que esta coincidencia confirmaba su anhelo de estar predestinados.

Y tomaron café. Y charlaron. Y él le contó lo feliz que estaba con su nueva vida: otra ciudad, otro trabajo y un amor. Así mismo lo resumió.

Y siguieron con una conversación trivial, anodina y bastante simple. Ni una palabra que a Berenguela la hiciera sentir que era recordada o añorada. Había soñado mil veces y de mil maneras un reencuentro así, como ése, por sorpresa. Un regalo maravilloso que la vida le tendría reservado. Pero allí estaba él, frente a ella, sorprendido y aparentemente contento, pero con palabras que no transmitían amabilidad. No al menos como ella necesitaba, contenían un sarcasmo y cinismo que no entendía. Cómo iba a entender lo que estaba ocurriendo si no sabía que era él quien se sentía olvidado y despreciado. Le había abierto su corazón y no había vuelto a saber de ella. Tuvo que aprender a olvidarla y ahora que creía estar a salvo con su nueva conquista… ella. Pero Berenguela, que creía saber, no sabía. Y vivió como colofón a ese momento de su vida la llegada de la novia. Una chica que no le pareció nada del otro mundo, una joven con rostro desdibujado y aspecto difuminado que consiguió concentrar la atención de Berenguela en su bolso. ¡Llevaba anudada la bufanda que un día tejiera para Nick! ¡Aquello era demasiado! ¡¿Cómo se atrevía?! ¡Menuda falta de respeto y consideración! ¡Ingrato! ¡Asqueroso! ¡Maldito!… y sin molestarse en detener los adjetivos despreciativos que brotaban en su mente, sonrió en mueca, miró su reloj e intentando sonar natural exclamó: *¡Qué tarde! Os dejo. Ha sido un placer.* Y se puso en pie mientras la novia terminaba de tomar asiento, no sin antes besar a su Nick en la mejilla, ¡la mejilla! Ni adiós dijo. Con un, *os dejo* verbal y un, *que os den* mental, Berenguela se dirigió a la salida.

Las *fortunas* habían resuelto con éxito su misión, de nuevo Nick y Berenguela compartían un instante de sus vidas, pero el miedo, el orgullo o probablemente los dos al tiempo, impidieron que se produjera una sincera y necesitada conversación. Y la oportunidad, pasó.

De algún modo debía saber que éste sería el último café que tomarían juntos, y además que sabría amargo, por eso su intuición le gritaba a la desesperada… *hoy no, mejor queda en otro momento.*

Su postura hermética como nunca antes la había sentido, brazos y piernas cruzados, mirada esquiva, repantigado en la silla y tan lejos de ella. Y esa actitud irreverente que dibujaba su conversación con bromas y comentarios que a ella no le hacían ninguna gracia. Hoy no necesitaba su ironía, hoy tan sólo necesitaba sentirlo cerca y saber que a pesar de haber encontrado otro amor, a ella, a su manera, la seguía queriendo. Pero no, sólo cinismo en palabras que la dañaban. No, no necesitaba saber que aquello que un día llena de emoción le había regalado, estaba ahora en sus manos. Aquella bufanda no era para ella, era, es y sería para él. Siempre.

Lloraba con resignación y sentía en lo más profundo la despedida. Él ni siquiera lo sabía, pero le había dicho adiós, no hasta luego o ya veremos si la vida vuelve a reunirnos, no. Y el suyo no era un adiós con esperanza sino un adiós lleno de certeza porque era la decepción la que entonaba sus letras.

"He debido dañarte en algún momento a pesar de entregarte lo más auténtico de mí misma, no he debido entenderte ni cuidarte como necesitabas porque tus palabras, hoy, sonaban a revancha.

Cada sorbo de mi café ha sonado a despedida. Y no quiero despedirme, no me malinterpretes, yo estaría contigo todo el tiempo del mundo, guiándote y dándote lo mejor de mí para que dejaras de refugiarte tras tu falsa indiferencia. A mí, tu sarcasmo no me engaña, al contrario, sé, que hoy tan sólo querías mostrarme tu cara de triunfador porque a pesar de ser yo la que te ama perdidamente, eres tú el que se encuentra perdido sin mí.

Ahora el tiempo es mi aliado, todo se lo lleva, lo arrastra y desmenuza convirtiendo el dolor en recuerdos borrosos desprovistos de emoción. Te recordaré, ya estoy empezando a convertirte en un recuerdo, y aunque lo más conveniente es no volver a verte, ni sentirte, ni olerte… rezo e imploro para que surja en ti la necesidad de tenerme. Me gustaría poder decir que no me encontrarás, pero no puedo, hoy acabo de terminar una taza de café contigo.

La nuestra siempre ha sido una relación tóxica. Deseo hablar contigo y que me cuentes qué te duele de nuestro nosotros, qué amas de mí, qué deseas entregarme y añoras cuando no me tienes. Pero tú no estás dispuesto, no lo necesitas. Tienes otro amor.

Y es que hay relaciones que nacen para crecer y fortalecerse, pero otras en cambio, contienen el germen de la despedida y no importa lo que se haga o se diga, un buen día desaparecen de nuestras vidas dejando como estela la culpa o la decepción".

Los pensamientos de Berenguela eran caóticos, se sentía incapaz de responder a los interrogantes que la atormentaban, no sabía cómo podía haberse enamorado de otra cuando ella podría ocupar todo su Universo, no sabía por qué Nick había necesitado buscar en otro lugar lo que ella le hubiera ofrecido momento a momento, no entendía por qué aquello le dolía tanto, a ella, que a esas alturas de su vida y con tanto a sus espaldas debería estar por encima de la situación, era una relación absurda, desigual y sin futuro, y a pesar de saberlo, le dolía, ¿por qué?

Y tan ocupada estaba con sus lamentaciones que no se percató de la bendición que se ocultaba tras esa situación. Le había permitido descubrirse y experimentarse, bucear en su interior y explorar aspectos de sí misma que hasta ese momento desconocía. No importaba el resultado final, que más daba si terminaba sus días junto a él o no, lo importante, lo increíblemente maravilloso era el proceso de descubrimiento que había propiciado aquel muchacho. Gracias a él, Berenguela había crecido, un poquito más. Reconocer y entender su desamor de esta manera le habría evitado llantos, lamentos y días de nostalgia y pesar. De haber contemplado los hechos con otros ojos, Berenguela habría sentido gratitud y seguido su camino sin más drama. De haber formulado la pregunta correcta su experiencia habría tenido sentido. Pero eligió y eligió mal. Preguntó por qué y se olvidó del para qué. Se enganchó al victimismo y el juicio para concluir erróneamente que él era un ingrato y ella una pobre mujer despechada.

Y en algún lugar de su mente, Matilda, cargaba en su mochila con el recuerdo de Nick sin saber dónde ocultar esa decepción. Otra vez.

El reencuentro había revuelto su interior, estaba en ese punto de no retorno en el que a pesar de añorar y desear a la otra persona, la decepción se impone. Le hubiera gustado retomar su relación en el mismito instante en el que se quedó, en aquella mañana soleada, en aquel delicioso desayuno, en aquella sonrisa tan suya. Le hubiera encantado borrar de su mente los meses de conflicto y lucha que había mantenido consigo misma. Mil interpretaciones probables ante aquel no-adiós y siempre la misma penosa conclusión. Pero la esperanza es resistente, no es sencillo deshacerse de ella, optimista y poderosa aprovecha el resquicio más insignificante para hacerse notar. Y Berenguela estaba ansiosa, sin saberlo, por sentir. La esperanza había sido una buena opción. Y ahora, el fin. A partir de ese momento, si una idea con forma de muchacho pecoso osaba entrometerse en su vida no dudaría en desecharla de inmediato. Se sabía olvido, como tantas otras veces, y era una desagradable sensación que ponía punto y final a cualquier circunstancia mientras la conducía hacia el reproche. Con él había terminado, con ella misma estaba apenas comenzando.

Necesitaba relajarse y descansar. Sin pensar, preparó una taza de café y subió las escaleras que la conducían a su lugar preferido, aquella minúscula terracita frente al Jardín. Se dejó caer en la tumbona y mirando al cielo comenzó a musitar su despedida... *me da mucha pena decirte adiós, pero me siento olvido y cuando eso ocurre, no hay vuelta atrás, del olvido no se regresa. ¿Sabes por qué me duele? Porque te amo, amo tu silencio, amo tu distancia, amo tu indiferencia, amo tu miedo y amo mi miedo, amo tu inseguridad, amo tus dudas, amo tu juego, amo tu manipulación, amo tu indiscreción, amo tu irreverencia, amo tu desconsideración, amo tu despreocupación, amo tu desdén, amo tus hirientes palabras, amo lo que Eres, amo tu prepotencia, amo tu falso aprecio, amo esta terrible decepción, amo tu soberbia, amo tus palabras mentirosas y embusteras, amo tu olvido y amo amarte.*

Cerró los ojos y se durmió, al despertar se sentía aliviada, más ligera. Engracia había estado ocupada, en esta ocasión muy cerca de la Montaña Fántica. En aquella mente retumbaba con poderío cada *te amo* pronunciado por Berenguela, y ese sonido fascinó a Matilda, que rauda y sin pérdida de tiempo se apostó frente a la gentil y extasiada por la atmósfera de aquella mente preguntó... *¿Qué borro?*

Engracia regresó sabiéndose éxito.

V

Matilda danzaba al son de la música que retumbaba con fuerza en la mente de Berenguela. Dando saltos y ejecutando simpáticos pasos de baile se dirigió al lugar secreto, al escondite de una memoria recóndita que había estado molestando a Berenguela en muchas ocasiones a lo largo de su vida.

Cuando Engracia le solicitó borrar aquel recuerdo, se mostró gratamente sorprendida, era una magnífica elección, arriesgada, pero muy acertada. Los primeros recuerdos en los que sentimos que no merecemos amor son demoledores. Se extienden a lo largo y ancho del subsuelo de la Montaña Fántica como una maldita semilla alrededor de la que gira todo lo demás; conforman una sólida base sobre la que se sustentan memorias tan dañinas como las que nos empujan, día a día, a buscar la aprobación de los demás a través de la complacencia como única manera de sentirnos aceptados.

Para Matilda era una laboriosa tarea, primero tenía que remover con sus propias manos toda la tierra que cubría esos recuerdos, para más tarde limpiarlos, y a pesar de terminar sucia y exhausta, la tarea de desenterrar estas memorias y zambullirse a continuación con todas ellas en el Agua Azulada, le encantaba. Ese mágico capuzón le permitía recuperar su impoluto aspecto y borrar del futuro de Berenguela para siempre, todas las situaciones en las que podría perderse el respeto a sí misma y descuidar su bienestar en favor de otros. A partir de ese momento, no se maltrataría más.

VI

Volver a ver a Nick supuso una auténtica revolución en la mente de Berenguela. Tras la emoción desatada por aquel recuerdo eliminado, Engracia tuvo que asumir la situación de crisis y limitarse a realizar breves y frecuentes incursiones a la espera de cambios. Matilda se ausentó al abrigo de la Montaña mientras el Triunvirato del Arpón campaba a sus anchas amedrentando al resto de pensamientos que se aferraban con fuerza a La Pradera. Por su parte, el Agua Azulada se desbordaba a ratos convertida en gigantes olas que silenciaban cruelmente la música de aquel paraíso.

— No pasa nada, todos sabemos que un paso atrás es el preludio de un gran avance — Otilia, más experimentada en estas lides intentaba tranquilizar a Engracia y Fabiola.

— Es desmoralizador — la aspirante temía tener que volver a empezar desde el principio.

— No, no es desmoralizador — replicó la *gentil* — es el proceso de crecimiento y cambio que todos los humanos experimentan — giró su luz hacia Fabiola y continuó — están aquí para eso, recuerda, para transcender las trabas del camino y superarse a sí mismos. No son problemas ni obstáculos, ni siquiera dificultades, tan solo se trata de oportunidades para poder recordar quienes son realmente.

– Ellos y sus etiquetas, ¿no? – preguntó Engracia.

– Exacto, ellos y sus etiquetas – Otilia no estaba dispuesta a terminar su alegato – si no pusieran nombre a sus circunstancias, le resultaría todo menos perturbador.

Para Berenguela el fin de semana fue desastroso, emocionalmente estaba agotada, lloraba aquí y allá sin poder reprimirse y ni siquiera Fabio conseguía distraerla. La guinda la puso la nota que el absurdo yayo Lisardo le había dejado en su buzón. Convocaba una reunión de carácter extraordinario para el siguiente martes y el motivo de tal acontecimiento no era otro que el de evaluar los daños que Berenguela había ocasionado en lo que el anciano consideraba *el abeto centenario del jardín*. Aprovechaba la oportunidad para proponer con toda desvergüenza su expulsión de la comunidad, previo resarcimiento de la falta cometida, claro está.

– ¡Imbécil! – bramó Berenguela al leer el orden del día – ¡lo odio!

– Nooo, insensata – recriminó Fabio – no nombres lo malo ni para negarlo, simplemente di: gracias, te amo.

– ¿A quién?, ¿al yayo Lisardo? – preguntó llena de cinismo – ¡ni loca!

– A él le va a dar lo mismo y para ti es mucho mejor decir, gracias, te amo, que sacar basura por la boca – le aconsejó – no te digo que sientas amor o gratitud, solo te digo que cuando pienses en él o en algo relacionado no le dediques mucho tiempo, di gracias, te amo y dedícate a ser feliz.

– Tan fácil – dijo algo molesta.

– Exacto, tan fácil – confirmó – quién dijera que encontrar la felicidad era algo complicado y además requería mucho trabajo, estaba totalmente equivocado y para desgracia de la humanidad, era muy persuasivo – dijo apenado – ¡pobrecitos, con lo sencillo que es dejarse llevar y aceptar sin interferir!

Berenguela cada vez tomaba más en serio las estrafalarias palabras de Fabio, semanas atrás había podido comprobar en persona los efectos inexplicables de su tan recurrido, *gracias, te amo.*

– ¿Qué es eso? – le había preguntado Fabio señalándole la frente.

– Una erupción – dijo con fastidio – debo tener las defensas bajas.

– Algo quiere borrarse de ti, dile *gracias, te amo* y se irá – dijo convencido.

– Jajaja – Berenguela no tomaba en serio sus cosas pero le divertían – ¿a la erupción? – preguntó sin entender.

– No pierdes nada, ¿no? – dijo desafiante.

– Pues no – contestó sonriendo – ¡hagamos la prueba!

Y cuando llevaba ocho días tratando su problema con palabras, la molesta mancha desapareció. Casualmente, el día anterior Matilda había disfrutado de un refrescante y liberador baño rodeada de recuerdos.

Desde aquel momento, si Fabio le recomendaba que dijera *gracias, te amo*, ella lo hacía sin rechistar.

VII

Cuando Fabio le entregó la citación que el yayo había dejado en su buzón, llevaba en una mano la nota y apoyado en su antebrazo derecho una bola de pelo.

– ¿Quién es? – preguntó Berenguela.

– Gotas de Rocío – Fabio abrazaba un gato, o lo que parecía ser un gato, blanco y con manchitas azuladas esparcidas por todo su cuerpo como si fueran gotitas de agua.

– Y es un gato, ¿verdad? – necesitaba confirmación y es que Gotas de Rocío era un ser complicado de catalogar.

– Sí, un gato precioso – dijo mientras lo apretaba contra su pecho y le propinaba un beso enorme.

– Pues parece un perro – Berenguela no parecía convencida.

– Pues no sé, para mí es un gato – Fabio no daba su brazo a torcer – de cualquier manera me da igual, es Gotas de Rocío, mi amor. Lo encontré en la puerta de casa esta mañana y me dijo que le encantaría pasar el resto de su vida conmigo.

– ¡Ah! – exclamó – es eso. Pues nada hombre, que se quede en casa, pero de pisar las zonas comunes ni hablar. No quiero problemas.

– No te preocupes, no dará problemas – y añadió – ¿qué te parece si damos un paseo por la playa?

Y salieron a pasear Berenguela, Fabio y un gato llamado Gotas de Rocío para el que improvisaron un cómodo y agradable medio de transporte con forma de capazo de mimbre azul, forrado con una esponjosa y resbaladiza tela roja de cuadros verdes y negros.

Tras una larga y reconfortante caminata en silencio durante la que pudieron constatar lo tranquilo que era Gotas de Rocío, se sentaron en la arena, que todavía estaba caliente, y se dispusieron a contemplar cómo el Sol se marchaba a descansar. El cielo rojo y naranja con tonos morados era sencillamente espectacular. Y el hipnótico sonido de las olas rompiéndose en la orilla, refrescante. Guardaron silencio como muestra de respeto a tanta grandeza mientras Fabio se abrazaba a sí mismo y Berenguela se llenaba de la quietud que tanto necesitaba.

– Sea lo que sea que te preocupa, sabes que puedes contar conmigo – dijo Fabio rompiendo el momento con una sobriedad que Berenguela desconocía.

– Gracias, eres un amor – y completó su agradecimiento con un sincero y reconfortante abrazo de esos que tanto le gustaban – eres un regalo ¿lo sabes?

– Bueno, bueno – la modestia llegaba – y me consta que un poco pesado, también – y alguna burbuja roja apareció en escena para acompañar a sus risas. – ¿Crees que dentro de unos años, unos cien por ejemplo, lo que ahora te atormenta seguirá haciéndote daño?

– Jajaja – rió Berenguela – ¿dentro de cien? – y volvió a reír – no, creo que para entonces ya estará superado, jajaja.

– Pues no le des más vueltas, sea lo que sea, no te resistas ni te lamentes – Fabio seguía abrazado a su amiga – no depende de ti, no alimentes a base de atención lo que te duele – hablaba despacio – ya te dije que el objetivo eras tú, y debemos seguir firmes… – su exposición fue interrumpida por un cariñoso y casto beso – ¡mañana de compras!

– Está bien, está bien – dijo Berenguela sin quitarse la sonrisa de encima – y a propósito, ¿quién es Otilia?, a veces hablas en sueños…

– Una maravillosa luz, pura energía rosada – dijo Fabio despertando en su amiga una estruendosa y reconfortante carcajada. En fin, los humanos y su negativa a aceptar conceptos nuevos.

Y fueron de compras y encontraron un carmín rojo pasión que enloqueció a Fabio y en su locura convenció a Berenguela, que entregada a la voluntad de su amigo, decidió que a partir de ese día lo luciría en sus labios sin importarle lo apropiado o no que pudiera resultar. Carmín rojo y zapato de tacón, se convirtieron en dos poderosos aliados para su autoestima.

A Berenguela le gustaba contemplar a su amigo mientras dormía, siempre con su camisón turquesa y abrazado a la almohada. Era un Ser fuera de lo común, no parecía pertenecer a este mundo como ella no parecía pertenecer a la vida que estaba viviendo. Congeniaban sin esfuerzo, sencillamente, ¡le encantaba! Sus palabras, sus acciones, sus reflexiones, su energía, su *algo* inexplicable, todo en él era único y actuaba sobre ella como un potente imán. Lo amaba como se debe amar, sin más. Ese amor no la llenaba de culpa ni le generaba inseguridad. No le dolía.

La magia de Fabio se extendía allá donde quisiera que se presentara, incluso la Urbanización San Simplicia sucumbió a su energía. Los árboles parecían contentos, más vivos… *me gusta hablar con ellos y decirles cosas bonitas…* Se solucionaron problemas que la piscina acarreaba desde hacía tiempo, se sustituyó la estropeada red de la pista de tenis e incluso algunos vecinos decidieron pintar y acicalar las fachadas de sus casas tras años de abandono. Poco a poco, y aparentemente de un modo espontáneo y natural, aquel lugar decrépito comenzaba a desprender luz y alegría. Para Berenguela no cabía duda, los cambios que se estaban produciendo se debían a la presencia de Fabio... *te digo que es cosa de magia, Palmira, no me preguntes qué es o qué no es, pero este chico es especial. Todo, incluida yo misma, resurge y revive en su compañía...* y su amiga asentía distraída mientras sonreía recordando la fragancia de su madre... *cuando él está cerca, el yayo no asoma la nariz y sus palmeros tampoco.* Cierto, al poco de mudarse Fabio, los despreciables vecinos de Jimena dejaron de aparecer por el Jardín... *incompatibilidad energética...* decía él entre risas para explicar el fenómeno.

VIII

A Berenguela le costaba muchísimo hablar de sus emociones y los motivos a tal cerrazón eran variados e incluso contradictorios. Si alguna vez y por pura supuración emocional había compartido sus miedos y anhelos con otra persona, terminaba sintiéndose traicionada. Solían producirse cambios en la relación con su confidente, cambios que lejos de estrechar sus lazos, hacían sobrevolar sobre la misma la sombra de la traición. Y cuando presentía, que sus secretos habían sido entregados a otros sin su consentimiento, se sentía vulnerable y no podía evitar ser invadida por la humillación.

Con el paso del tiempo aprendió a callar y un… *todo bien,* se convirtió en respuesta habitual con independencia de sus circunstancias reales. No creía que le importara a nadie cómo se sentía, no percibía en los demás una preocupación real por sus asuntos y hablar por hablar, ¡de sus emociones! ¡de su vida interior! ¡de sus miedos! , ¡de ninguna manera!... *todo bien* y pasamos a otro tema. Pero era humana y como tal, tenía la necesidad de expresarse porque en ocasiones algo le quemaba por dentro y solo desahogarse aliviaba ese ardor. Encontró en Fabio un aliado perfecto, agradecía a la vida no haberla despojado del todo de la amistad. Escuchaba sin preguntar y sonreía dijera ella lo que dijera. Sería o no verdad, pero parecía escucharla, la miraba a los ojos cuando hablaba, sin importar el tema de conversación, y nunca asentía distraído ni respondía con frases hechas. Cuando estaba con ella, estaba con ella. Le regalaba, literalmente, ese instante de su existencia y toda su atención. Ahora que podía comparar, se daba cuenta de lo poco que había sido escuchada a lo largo de su vida y también de lo poco que escuchaba a los demás. Era difícil acallar el ruido de su interior, pero la compañía de Fabio, ayudaba. Frases aisladas en conversaciones que versaban sobre otros temas, le servían de válvula de escape… *no entiendo este amor… ¿crees que pensará en mí?... bueno, ya pasará…* eran recurrentes, tanto, que incluso se había descubierto dirigiéndolas hacia Rafael, su Rafael, que seguía esperando cada noche su compañía. Desde la llegada de Fabio, le deseaba buenas noches con un breve beso y un *te quiero, mi amor*, en tenue susurro. Fabio sonreía y muchas veces se hacía el dormido a la espera de convertirse en luz azul para ir a escarbar aquí y allá en el futuro de aquella maravillosa mujer. Le encantaba transformarse en pura energía y liberarse de un cuerpo al que salvo por el placer que le proporcionaban los abrazos y comer chocolate, no le encontraba ventaja alguna. El futuro prometía mucha tranquilidad, paseos, algunas risas… tenis y algo parecido a una despedida.

Fabiola revoloteaba por el futuro de Berenguela intentando ser diligente y aplicada en su labor, pero sin darse cuenta, volvía y volvía a revivir escenas de Berenguela con una raqueta… Berenguela y Tomasa jugando al tenis… Berenguela, Tomasa y él mismo entrenando con Amador, Berenguela recriminándole los efusivos abrazos a Amador y él mismo enloqueciendo por las piernas de ese entrenador.

– ¿Tenis? – preguntó extrañada Otilia.

– ¿Por qué no? – respondió Fabiola – es un deporte muy completo, muy elegante y se practica al aire libre, como le gusta a Berenguela.

– Ya pero…

– Tiene en casa una pista donde puede practicar y Fabio, que diga yo, puedo acompañarla en los entrenamientos – interrumpió Fabiola

– además, podrá jugar con Tomasa y pasar ratos divertidos juntas – justificaba su decisión con argumentos razonables e impecables, aunque la verdadera razón se llamaba Amador y era entrenador. ¡Le encantaba! ¿Qué tenía de malo ayudar a Berenguela y al mismo tiempo alegrarse la vista?

– Pues yo creo que a su edad, mejor Yoga – Otilia seguía en sus trece – y Engracia piensa lo mismo ¿verdad?

Pero la influencia de Fabiola era mucha influencia y las *fortunas* obedientes como siempre, consiguieron la pertinente peripecia para en pocos días, reunir en la pista de tenis de San Simplicia a Berenguela, Tomasa, Amador y por supuesto, a Fabio.

– ¡Ni hablar! – fue lo que Berenguela exclamó cuando lo vio aparecer.

– ¿No te gusta? – dijo encantando con su faldita morada. Lucía una cinta en su incipiente melena de idéntico color y portaba una raqueta con empuñadura celeste. De sus deportivos, mejor no hablar.

– Por favor, Fabio – estaba seria – ¡ponte un pantalón! – Berenguela podía transigir con el color de la raqueta, la diminuta coleta con la que en ocasiones recogía su melena, las zapatillas azul fosforito, el carmín de sus labios, las pamelas coloridas que paseaba por la playa y por toda la urbanización, la indiscriminación de sus abrazos… pero ¡¿faldita?!

– Está bien, me cambio pero lo hago por ti, para que no te sientas incómoda, que conste que yo me siento genial – dijo Fabio sin demasiado disgusto – recuerda, la opinión de los demás, me rebota.

– Jajaja – rió Berenguela – gracias, Fabio – pronunció sintiéndose fatal por intentar restringir la expresión natural de su amigo. En ese momento no había mucha diferencia entre ella y sus vecinos – ¡espera! – le gritó antes de que se perdiera por las escaleras – estás estupendo, ¡menudas piernas! , vamos a pista.

IX

.

– Que ya comienza a dar sus frutos – dijo Mansuara dirigiéndose a Fabio. Era la respuesta de Otilia reconociendo el magnífico trabajo que estaba llevando a cabo *la igual*.

– Dile que gracias – sonreía ante el cumplido – y pregúntale cómo se encuentra la Mente de Berenguela ahora, después del reencuentro con Nick y la nueva ocurrencia del yayo. Me preocupa.

– Fabiola, o Fabio – dijo la *Artista* entre molesta y divertida – ellas te oyen perfectamente, son los humanos los que no pueden oírlas ni verlas y cuando estás en la carne, tú tampoco, ¿recuerdas?

– ¡Ay! – exclamó avergonzado – me lío con todo esto. No me extraña que los pobres piensen que están solos… – dijo realizando aspavientos con las manos por todo el salón de Mansuara – es que no se os ve, ni se os oye, ni se…

– Dice Otilia que te dejes de tonterías y nos centremos en lo que tenemos que hacer – y enérgica le indicó que se sentara.

Era sábado por la mañana, uno de los tres días convenidos para su clase de tenis. Amador era muy simpático y tenía una paciencia fuera de lo común, Tomasa divertida como siempre, mostraba su generosidad compartiendo entrenador y tiempo. En esta ocasión, Fabio no las acompañaba… *creo que tengo una contractura, me duele la espalda muchísimo, voy a darme una vuelta por el mercadillo de La Caleta…* y lo que en otro tiempo hubiera despertado el llanto y la culpa en Berenguela, ahora le dibujaba una serena sonrisa en el rostro, quizá, la visita que realizara días atrás al cementerio tuviera algo que ver con aquel cambio.

Fabiola había susurrado hasta en tres ocasiones consecutivas… *cementerio, despedida, Rafael, mamá…* la recomendación no podía ser más explícita. Por eso, no se sorprendió cuando Berenguela, dubitativa e insegura, le pidió que la acompañara a *un sitio raro*.

Fabio se puso muy contento, era necesaria la despedida, Matilda había confesado que en su mochila portaba dos recuerdos muy valiosos que pertenecían a la madre y el esposo de Berenguela. También manifestó su cansancio, pesaban demasiado y necesitaba encontrarles un lugar maravilloso donde dejarlos reposar para siempre. Hasta el momento se limitaba a sumergirlos en el Agua Azulada y mantenerlos envueltos en la tristeza durante días para aliviarse del peso de la carga, pero ahora más que nunca, deseaba bailar, cantar, jugar y hacer feliz a Berenguela con momentos hermosos y sorpresas increíbles. Pero esa pesada mochila a la espalda…

La visita destacó por su brevedad, un… *¿puedes esperar fuera?* al entrar, y absoluto silencio, adornado tan sólo por un abrazo a la salida, fue toda la información mundana que pudo obtener Fabio. Pero las *gentiles* la acompañaban y presenciaron con respeto la escena pudiendo comprobar cómo los *olvidos* parpadeaban con intensidad en su corazón y viajaban desde éste hasta su cabeza. El rosa palo de la *gratitud* también acudió a alegrar el momento para recorrerla de pies a cabeza en innumerables ocasiones. Mientras tanto, Berenguela, ante la tumba de su madre primero y su esposo después, no fue capaz de articular palabra alguna porque una inmensa emoción se lo impedía, pero no importaba, su corazón era el que tenía que encargarse de la despedida, y así fue.

Mansuara confirmó lo que las demás intuían, efectivamente se había borrado, definitivamente y para siempre, aquella maldita memoria que se repetía en la vida de Berenguela y la tenía encadenada a una nefasta creencia, la de no ser merecedora de amor.

— El Gran Hacedor estaba convencido de que después de esta memoria, se podrían eliminar las demás con facilidad – dijo Otilia.

— Esperemos que así sea – Mansuara tomó un trago de su infusión – ¿Cómo has dicho que se llamaba? – preguntó dirigiéndose al nuevo amigo de Fabio.

— Gotas de Rocío – respondió orgulloso. Se habían vuelto inseparables y para descanso de Mansuara, alguien perfecto para el continuo abrazo del muchacho – Que así sea, ¿qué? – preguntó Fabio, incapaz como humano de escuchar a la *gentil*.

— Perdona, Fabio – a la vidente le resultaba complicado esas reuniones diurnas en las que tenía que actuar como traductora y enlace entre los dos mundos – según Otilia, si el Gran Hacedor estaba en lo cierto, y todas sabemos que siempre lo está, ahora todo será más sencillo.

— Esperemos, ahora toca la memoria de las críticas – explicó – farragosa memoria.

— Dice Engracia, que sí, que es farragosa y además requiere borrado permanente – y dio otro largo sorbo – el mundo de la materia bien podría llamarse el mundo de las críticas, los juicios y las opiniones, de vez en cuando es necesario liberarse y ahora Berenguela necesita limpiarse de tanto chisme y tanta injusticia.

— ¿Sigues sin poder entrar? – preguntó Fabio dirigiéndose al techo de la habitación.

— Está a tu derecha – indicó Mansuara sabiendo que se estaba refiriendo a Otilia – y dice que sí, que no la deja entrar, pero que si sigue en la misión es porque su aportación, con sus consejos a Engracia, es muy provechosa. Y también dice que no le gusta este tema y que no es de tu incumbencia.

X

Engracia se había encariñado de Matilda, y es que solo era una niña asustada que no se sentía amada y necesitaba llamar la atención a toda costa. Se había dado cuenta de que ante la muestra más insignificante de afecto, se entregaba por completo y empleaba todo su poder para hacer feliz a Berenguela.

– ¿Por qué no dejas entrar a Otilia? – le preguntó aquella noche saltándose todas las reglas del decálogo.

– No puedes hablarme si yo no te hablo primero – respondió muy seria – no te saltes las normas, así no ayudas a Berenguela.

– Pero…

– ¡Calla! – exclamó enfadada – hoy venía con la intención de contarte una cosa y preguntarte otra, pero ya no tengo ganas.

Y dándole la espalda se marchó a toda velocidad desapareciendo en las entrañas de la Montaña. En aquella ocasión, no llevaba a cuestas su mochila.

Y precisamente era eso lo que quería contarle, quería compartir con Engracia el hermoso y tantas veces anhelado momento en el que depositó los recuerdos de Rafael y la madre de Berenguela en la cima de la montaña, en un rincón que nunca había visto antes y que de repente se iluminó. Los transformó en esferas, brillantes esferas de luz blanca que desprendían calor y paz. Había encontrado un maravilloso lugar en el que dejarlos descansar y ya no supondrían una carga, al contrario, desde lo más alto emanarían su luz convertidos en un poderoso Sol con el que alimentar los pensamientos de aquella mente tantas veces maltratada.

XI

Berenguela se esforzaba por seguir las recomendaciones de Fabio, y cada vez que se asomaba al jardín o le acudía el pensamiento del yayo a la cabeza, repetía sin convencimiento su gracias, te amo, pero no podía subestimar la maldad de aquel anciano enfermo ni la pasividad de sus palmeros. Estaba convencida de que no opondrían mucha resistencia a cualquier proposición que este señor les hiciera por muy descabellada que pudiera parecer, no eran demasiado inteligentes ni le cuestionaban sus motivos, al contrario, preferían dejarse llevar, unos para no tener que pensar y otros para evitar que posase su mirada sobre ellos. Aquellos vecinos conformaban una fauna difícil de describir, no se soportaban, no se respetaban, se burlaban los unos de los otros y convivían en una falsa y asquerosa complacencia, pero curiosamente, en lo tocante a Berenguela, compartían una repugnante animadversión por la pobre y se unían en la mezquindad, cobardía y estupidez para hacerle la vida imposible, o al menos intentarlo. Es lo que tiene la poca vergüenza.

— Estoy preocupada, ¿sabes? — le confesó a su amigo.

— ¿Por? — preguntó mirándola a los ojos — cuéntame.

— Por la reunión de mañana, no quiero ir, ¿para qué? — y siguió respondiendo ella misma a su pregunta — para oír mentiras y acusaciones falsas, para hablar y que nadie te escuche, para pasar un mal rato… no, no voy a ir.

– Haz lo que consideres, pero di gracias, te amo – articuló por toda respuesta – piénsalo, ¿qué daño puede hacerte una opinión?, solo es una idea. No les des un poder en tu vida que no tienen. Tú, preocúpate de pensar bonito, de llenar tu cabecita de pensamientos en color y no dejes entrar la oscuridad de otras mentes… ¡hasta ahí podíamos llegar! – le dijo con énfasis – anda, ven y abrázame.

– No seas pesado, estoy agobiada – rehusó. Berenguela se veía visiblemente alterada – y para que lo sepas, estoy toda la semana repitiendo lo mismo, gracias, te amo ¡qué parezco tonta!

Aquella noche, durmió a ratos mientras Fabio/Fabiola se alternaban a su lado y Gotas de Rocío ronroneaba a sus pies, estaba muy inquieta por los acontecimientos que anticipaba y todavía no había decidido si acudiría o no a esa encerrona.

Cuando Matilda escuchó… *memoria de críticas, opiniones y juicios injustos*, abrió mucho la boca y los ojos exclamando… *¿sí?, ¿de verdad?, ¿esa memoria?, ¡qué divertido!*

Le encantaba convertir las críticas y juicios que Berenguela recibía en divertidas burbujas multicolor y a continuación las liberaba por toda la Montaña para que flotaran a su antojo sin orden ni control. A veces, eran tan abundantes que se extendían más allá sobrevolando toda La Pradera. Podían ocultarse en cualquier lugar y dar la apariencia de no existir, pero también podían invadir toda la mente convirtiéndola en un lugar burbujeante y altamente peligroso.

Para Matilda resultaba divertidísimo perseguir aquellas bolitas coloridas y besarlas, era la única manera de eliminarlas, las hacía explotar produciéndole un suave y refrescante cosquilleo en la nariz que se traducía en una maravillosa sensación de libertad en Berenguela. Vivir libre de las opiniones de los demás, era el mejor regalo que Matilda podía hacerle.

A la mañana siguiente despertó con una nota en la puerta del club social que decía: "Se desconvoca la Asamblea. El jardinero me llamó y ha confesado que equivocó el abono por una sustancia corrosiva y ha ocasionado la muerte del abeto. No debemos preocuparnos, se ocupará de que otro árbol majestuoso domine nuestro jardín. Disculpas a Berenguela y adiós a todo el mundo. Me marcho a la playa con mi hijo. Buen verano. Lisardo".

XII

Berenguela era feliz, o al menos sonreía desde el corazón. Los problemas parecían haberse esfumado de repente dejando espacio a la diversión. Su vida transcurría entre paseos por la playa, baños en la piscina con acrobáticos capuzones, pistas de tenis, esfuerzos infructuosos por aprender a patinar e incluso de vez en cuando, alguna gamberrada infantil como tocar el timbre de sus maravillosos vecinos y salir corriendo.

Se había vuelto más confiada y despreocupada, creía que la solución a sus problemas vendría dada en el momento oportuno y de la manera más correcta. Estaba aprendiendo a no interferir en el flujo natural de los acontecimientos.

A lo largo de su vida había podido comprobar cómo las lágrimas le habían traído más lágrimas y las preocupaciones, otras circunstancias con las que preocuparse. Había decidido cambiar su estrategia, ya conocía los resultados de la anterior y no le gustaban. Ahora, se dejaba sorprender por la vida.

Y la proposición de Jimena fue una gigantesca sorpresa... *ven conmigo a Valle Azul, te encantará. Podrías colaborar con nosotros en la escuela, ¿qué me dices?*

Estaba considerándolo muy en serio, llevaba junto a Fabio ocho meses y sabía que pronto tendrían que decirse adiós, el muchacho debía retomar su vida allá donde la dejara y ella comenzar de nuevo la suya… *sería una repartidora de esperanza, como lo fui en aquella ONG…* Fabio sonrió y le dijo… *no lo pienses demasiado, creo que tu corazón ya ha tomado una decisión. Sigue su consejo… sal ahí fuera y entrégales lo mejor de ti…* en esta ocasión fue Berenguela la que se abalanzó sobre su amigo para abrazarlo y pronunciar un temeroso… *¿vendrías conmigo?...* al que siguió un contundente… *¡siempre!*

Y en pocos días viajaron a Valle Azul.

No hubo despedidas, nada. En esta ocasión fue ella la que se marchó de repente. Tras esa arriesgada y valiente decisión, Engracia se esfumó sin más y con la misma celeridad apareció en la mente de Palmira. Otilia hizo lo propio, regresó a Vêkigo para enfrentarse a una importante cuestión… *¿un Ser bi-color? ¿Yo?* Sin duda merecía esta maravillosa recompensa. Y Mansuara, enamorada de unos coloridos y musicales seres que se hacían llamar humanos, continuó con su labor allá donde se la necesitara.

No transcurrió demasiado tiempo hasta que Fabiola, brillando en azul y con toda la alegría que era capaz de sentir, susurró… *escuela, felicidad, amor, Nick.*

Y es que, la traviesa Matilda desoyó la última petición de Engracia… *la memoria del no-adiós* le había indicado loca de alegría porque finalizaba su misión y podría ¡al fin! ocuparse de Palmira. Y Matilda obedeció, se dirigió hacia la parte trasera de la Montaña donde se encontraba el Árbol de las Despedidas. Tenía un enorme tronco y grandes hojas amarillas, de cada una de sus ramas pendían los recuerdos de las no despedidas que Berenguela había soportado a lo largo de su vida… su perrita, sus trabajos… allí debían reposar también su madre, Rafael y Nick, pero a Matilda nunca le pareció un lugar adecuado para ellos. Fuertemente ensartadas en aquellas ramas, unas esferas luminosas dentro de las que se repetía incesantemente el episodio de una marcha sin adiós, pendían de un filamento dorado que a pesar de parecer frágil, era muy resistente y difícil de quebrar. Solo Matilda soplando sobre ellas podía pulverizarlas y convertirlas en luz. A punto estuvo de hacerlo, pero algo la detuvo, miró hacia abajo y encontró a sus pies una caja de madera y acero con la tapa claveteada y rodeada por cuerdas gruesas, era el recuerdo de Nick, y ese envoltorio, el empleado para los amores imposibles. No lo pensó demasiado, al fin y al cabo, era ella quien tenía la última palabra, se sentó junto al árbol, acomodó la caja en su regazo y la abrazó con tanto amor como pudo. Poco a poco se fueron desatando las cuerdas y cuando finalmente el recuerdo de Nick estuvo liberado, lo tomó en sus manos con sumo cuidado y lo depositó en un lugar privilegiado de La Pradera, llenando de nuevo y por sorpresa la mente y la vida de Berenguela.

El Universo se pondría boca abajo si era necesario, pero Berenguela y Nick tenían una historia de amor por vivir, y la vivirían.

ÍNDICE

Este libro se terminó de imprimir
en Almería durante el mes de marzo de 2016

.